Jesper Juul: Was gibt's heute?

W0033662

Jesper Juul

Was gibt's heute?

Gemeinsam essen macht Familie stark

Aus dem Dänischen
von Dagmar Mißfeldt

Walter Verlag

Titel der dänischen Originalausgabe:
Smil! Vi skal spise. Børnefamiliens måltider
© 2000, Jesper Juul
Apostrof, Kopenhagen

Die Deutsche Bibliothek – CIP-Einheitsaufnahme

Juul, Jesper:
Was gibt's heute? :
gemeinsam essen macht Familie stark / Jesper Juul.
Aus dem Dän. von Dagmar Mißfeldt. –
Düsseldorf ; Zürich : Walter, 2002
ISBN 3-530-40133-1

Umschlaggestaltung. Groothuis, Lohfert, Consorten (Hamburg)
Satz: Fanslau Communication / EDV, Düsseldorf
Druck und Bindung: Claussen & Bosse, Leck
ISBN 3-530-40133-1
www.patmos.de

Inhalt

Einleitung 7

1. Kapitel
Weg mit dem Stress am Esstisch 10

. . . und her mit der Mahlzeit! 11

2. Kapitel
Die Rolle des Gastgebers 16

Werte 18
Lust und Bedürfnis 22
Kompetenz und Erfahrung 24
Die Gemeinschaft 26

3. Kapitel
Das Essen 28

Was ist gutes Essen? 29
Zeit 34
In der Küche 35
Kinder in der Küche 40
Fastfood & Junkfood 44

4. Kapitel
Tischmanieren 48

Tischmanieren für Eltern 56
Die Kultur der Familie 57
Die Familie im Restaurant 59

5. Kapitel
Konflikte und Probleme

Konflikte und Probleme 63

Einleitung 63
Kluge Worte bei jeder Mahlzeit 68
Wenn Kinder wählerisch sind 72
Mein Kind will jeden Tag das Gleiche essen 86
Hilfe! Mein Kind isst nichts 91
Mein Kind will kein Gemüse essen 98
Die Kinder zanken sich immer am Tisch 101
Teenager am Tisch 106
Hilfe! Mein Kind ist zu dick 110
Wenn Eltern nicht einer Meinung sind 117

Einleitung

Seit ich mich zurückerinnern kann, liebe ich gutes Essen. Und seit ich vor 30 Jahren eine Familie gegründet habe, trage ich jeden Tag die Verantwortung für die Mahlzeiten in der Familie. Weder diese Verantwortung noch die Arbeit selbst sind mir je eine Last gewesen. Es ist im Gegenteil in meinen Augen ein Privileg und eine einzigartige Möglichkeit, mich aktiv um meine Familie zu kümmern und schnell wieder Nähe aufzubauen, wenn ich wegen meiner Arbeit für kürzere oder längere Zeit von zu Hause fort gewesen bin.

In den vergangenen zehn bis fünfzehn Jahren habe ich mit einiger Besorgnis beobachtet, wie sich das Leben vieler Familien veränderte. Der Auslöser ist wahrscheinlich im verständlichen Versuch der Frauen zu suchen, sich von einer untergeordneten Rolle zu befreien, die sie auf Putzen und Kochen und dergleichen »praktische Aufgaben im Haushalt« reduzierte. Ich benutze hier das Wort »reduziert«, weil diese Tätigkeiten darüber hinaus eine ganz andere als eine rein praktische Funktion erfüllen, die für den Tagesablauf innerhalb der Familie unverzichtbar ist: Sie tragen nämlich zur Atmosphäre und zum guten Klima in einem Haushalt bei.

Eine angenehme Atmosphäre zu schaffen ist besonders dort wichtig, wo sich das »Herz des Hauses« befindet – in der Küche und am Esstisch. Hier bieten die täglichen gemeinsamen Mahlzeiten für Kinder und Erwachsene die einzigartige Möglichkeit, selbst zum guten Klima in der Familie beizutragen. Die Hauptrollen spielen natürlich die um den Tisch versammelten Personen. Das Essen und das Genießen bilden jedoch den äußeren Rahmen und stellen den Zusammenhalt her. Nicht allein das Essen, das auf dem Tisch steht, sondern auch die Liebe und Sorgfalt, mit der man es einkauft und zubereitet, trägt dazu bei.

»Aber wir haben keine Zeit«, wenden moderne Eltern von kleinen Kindern ein und signalisieren damit eine Haltung, auf die ich gern näher eingehen möchte. Selbstverständlich kann man sich entscheiden, seine Zeit anders zu verbringen als mit Einkaufen und Kochen. Doch das bleibt meistens nicht ohne Folgen, deren Behebung später mindestens genausoviel Energie und Engagement verlangen wird. Immer häufiger stelle ich fest, dass viele Eltern meinen, sie seien überfordert, wenn sie für gemeinsame Mahlzeiten in der Familie sorgen und gleichzeitig noch Lösungen für Konflikte und Probleme finden sollen, die um das Essen und die Mahlzeiten entstehen.

Diese Einstellung folgt einer eigenen Logik. Wenn der Zweck der Mahlzeiten und der Ernährung der Familien darin besteht, »einfach, schnell und billig« zu sein, kann man leicht der Vermutung erliegen, es gäbe auch einfache, schnelle und billige Lösungen für dabei auftauchende Probleme. Das ist nicht der Fall! Probleme und Konflikte um den Familientisch sind fast nie Ausdruck unseres Verhältnisses zum Essen, das auf dem Teller liegt. Sie sind vielmehr ein Indiz dafür, wie sich jedes einzelne Familienmitglied fühlt und was das Stimmungsbarometer beim Zusammensein anzeigt. Je mehr wir versuchen, einen einzelnen Konflikt zu unterdrücken, desto mehr verlieren wir die gesamte Stimmungslage aus den Augen.

Stimmungen unterliegen Schwankungen, und wir fühlen uns nicht immer gleichermaßen mit uns selbst und mit anderen wohl. Einige Mahlzeiten sind von Ausgelassenheit und andere von verstimmtem Schweigen begleitet. Manchmal machen wir es uns alle zusammen gemütlich, und ein anderes Mal scheint es, als hätte genausogut jeder für sich allein essen können. Je mehr wir die Mahlzeiten zu einem »Projekt« machen – sei es zu einem »Gesundheitsprojekt« oder »Gemütlichkeitsprojekt« –, desto weniger sind wir offen, das Leben innerhalb der Familie wahrzunehmen und zu erkennen, wie es darum in der momentanen Situation bestellt ist. Das ist das Paradox aller Elternschaft: Man will seiner Aufgabe so gut wie möglich gerecht werden und zur gleichen Zeit genug Offenheit oder Flexibilität besitzen, auch die Missstimmung zu akzeptieren.

Ungeachtet unseres Verhaltens und der Mühe, die wir uns geben, bleiben doch die Mahlzeiten der Austragungsort für eine Reihe von Konflikten, auf die uns vor allem Kinder nicht anders aufmerksam machen können.

Dieses Buch behandelt u. a. einige der häufigsten Probleme und schlägt unterschiedliche Möglichkeiten vor, wie Eltern damit umgehen können. Diese Vorschläge sind natürlich allgemein gehalten und demzufolge auf keine bestimmte Familie zugeschnitten. In diesem Punkt gleicht dieses Buch den anderen, die ich über das Zusammenspiel zwischen Eltern und Kindern geschrieben habe.[1]

Das Buch weicht von den vorausgegangenen in dem Sinne ab, dass viele Aspekte von meinen ganz persönlichen Ansichten zum Thema Essen und Mahlzeiten geprägt sind, Ansichten, die nicht notwendigerweise sachlich, pädagogisch und psychologisch untermauert sind und die sich auf die folgende einfache Formel bringen lassen: »Weg mit dem Stress am Esstisch, her mit den Mahlzeiten!« Oder man könnte es auch so ausdrücken, wie der Besitzer des Restaurants »Sticks & Sushi« in Kopenhagen es auf einem kleinen Plakat getan hat: »Lächle, denn du willst essen!«

Der erste Teil des Buches ist mein Beitrag zu den wichtigsten Aspekten einer guten Mahlzeit. Der letzte Teil stellt den Versuch dar, eine Antwort auf die häufigsten Fragen und Probleme zu finden, mit denen ich bei verschiedensten Gelegenheiten in Gesprächen mit Eltern, Sozialarbeitern und Pädagogen immer wieder konfrontiert werde. Ihre Erfahrungen bilden mit Beiträgen meiner Kollegen vom Kempler Institut[2] die Grundlage für den Aufbau und die Themen dieses Buches.

---

[1] Jesper Juul: »Das kompetente Kind. Auf dem Weg zu einer neuen Wertgrundlage für die ganze Familie«. Reinbek 1997
Jesper Juul: »Grenzen, Nähe, Respekt. Wie Eltern und Kinder sich finden«. Reinbek 2000
[2] www.kempler.dk
www.yourcompetentchild.com
www.jesperjuul.com

1. Kapitel
Weg mit dem Stress am Esstisch ...

Die Formulierung »Stress am Esstisch«[1] wurde seinerzeit von
Pädagogen in Kinderkrippen, Kindergärten und Kindertagesstätten
geprägt. Dies geschah wahrscheinlich aus dem Bedürfnis heraus,
die Verhältnisse aus einer fachlichen und analytischen Perspektive
zu betrachten und pädagogische Strategien zur Vorbeugung von
Konflikten und zur Bewältigung von Problemen zu entwickeln.
Ungefähr zum selben Zeitpunkt begannen Normen und Werte der
pädagogischen Institutionen Eingang in das Leben und den Alltag
der Familie zu finden. Oft mit schädlichen Folgen, weil zwischen
Institutionen und Familien grundsätzliche Unterschiede bestehen
und die Bedeutung der Eltern für die Erziehung des Kindes einen
ganz anderen Stellenwert einnimmt als die der Pädagogen.

Die Formulierung »Stress am Esstisch« ist für mich im Grunde
ohne große Bedeutung und schon gar nicht innerhalb der eigenen
vier Wände. Ich finde sie kalt und sprachlich nicht passend, weil
sie den Mahlzeiten die Poesie nimmt. Zugleich suggeriert sie den
Erwachsenen, dass das Essen, zu dem wir uns jetzt versammeln,
Probleme und Konflikte enthalte, die nicht auftreten sollten.
Unsere Erwartungen an das Leben und das Zusammensein mit
anderen prägen in hohem Maß die Wirklichkeit. Ganz besonders
beeinflusst davon werden die Kinder, weil sie sehr leicht zur
Kooperation bereit sind. Schnell finden sie heraus, wie man sowohl den negativen als auch den positiven Erwartungen entspricht.

[1] Im Original heißt es »spisesituation«, was mit »Essenssituation« zu über-
setzen wäre. Da der Begriff im Deutschen unüblich ist, hat man sich hier in
den meisten Fällen für die Formulierung »Stress am Esstisch« entschieden
(Anmerkung der Übersetzerin).

Vieles hat sich zum Guten gewendet – auch in der Pädagogik der Institutionen – seit Erfindung der »Essenssituation«, der »Furchtsituation«, der »Kuschelsituation« oder ähnlicher sprachlicher Ungeheuer. Ich bin der Meinung, wir könnten diesen Begriff ruhig abschaffen. Ich glaube nicht, dass uns etwas Wertvolles verloren geht. Ganz im Gegenteil, wir schaffen womöglich Platz für einige reale Werte.

Denn so ist es doch! Wir verwenden den Begriff doch nur, wenn Kinder mit am Tisch sitzen. Ich fühle mich jedenfalls immer wieder bestätigt, wenn ich jemanden den ziemlich künstlichen Satz sagen höre: »Mein Freund und ich hatten in der letzten Woche Stress am Esstisch mit unserem Kind ...«. Sind wir unter Erwachsenen, dann bekamen wir ein Abendessen serviert, erlebten eine Mahlzeit oder aßen etwas, und unsere Gesprächspartner brauchen kein pädagogisch-psychologisches Wörterbuch, um zu begreifen, wovon die Rede ist.

Mit einer kleinen Umschreibung eines alten Graffito könnte man sagen: »Weg mit dem Stress am Esstisch und euch geht's besser!«

... und her mit der Mahlzeit!

Eine gute Mahlzeit ist eine ausgewogene Mischung aus guten Speisen, Sorgfalt, Engagement, engen Bindungen, Ästhetik, einem Erlebnis der Sinne und aus unvorhersehbaren menschlichen Gefühlen und Stimmungen. Von Familie zu Familie bestehen vor allem große Unterschiede darin, was man unter einer gelungenen Mahlzeit versteht – was sowohl die Qualität des Essens als auch des Beisammenseins angeht. Einige essen, um zu leben, und andere leben, um zu essen.

Manche Mahlzeiten sind von Wiedersehensfreude, Geruhsamkeit und Harmonie geprägt. Bei anderen fliegt plötzlich der Deckel hoch vom Topf mit den eingekochten Konflikten – und wir haben beides als gute Mahlzeiten in Erinnerung, weil wir dabei waren, weil wir einander etwas bedeuten und weil Gefühle und Beziehungen sich offenbarten, wie sie in Wirklichkeit waren. Es gibt auch Mahlzeiten, bei denen uns die Speisen selbst bestens in Erinnerung geblieben sind. Vielleicht weil die Frikadellen an dem Tag besonders gut schmeckten oder weil der Koch oder die Köchin uns überraschte und unsere Sinne verzauberte. Wir erinnern uns an die erste und misslungene Mahlzeit mit dem Mann, der später unsere große Schwester heiratete, und die Sinne werden bei dem Gedanken an ihn oder jenes Festessen geweckt, so dass einem in den Augen wie im Mund das Wasser zusammenläuft. Dann sind da noch all die anderen Mahlzeiten, die vielleicht nicht einzeln in der Erinnerungen haften geblieben sind, die aber eine genauso wichtige Funktion erfüllten wie die Schnur einer Perlenkette.

Einige von uns erinnern sich vielleicht an Tage, als die Arbeit in der Küche nur aus monotoner, inspirationsloser Routine bestand, und an andere, als der Ehrgeiz so sehr überhand genommen hatte, dass wir beim Eintreffen der Gäste zum Essen zu müde waren. Wir entsinnen uns an manche Tage, da wir nicht im Stande waren, in der Küche zu stehen und positiv überrascht waren über die nahe und vertraute Stimmung, die sich dennoch beim Chinesen oder Italiener einstellte.

Die größte Zahl der Kinder in unserem Erdteil ist in der glücklichen Lage, dass die ersten tausend Mahlzeiten, an denen sie teilnehmen, eine nahezu ideale Verschmelzung von Nähe, Fürsorge, Geborgenheit, Liebe und vollkommen richtigen Nährstoffen darstellen. Zugleich bilden sie den sehr intensiven Auftakt zu einem funktionierenden Verhältnis zwischen Eltern und Kind. Für das Kind versteht es sich zu dem Zeitpunkt von selbst, dass es seine Bedürfnisse ausdrücken kann und dass sie erfüllt werden. Für die Eltern ist es ein Lernprozess, die Laute, die Motorik und Mimik des Kindes zu verstehen und darauf zu reagieren. Ich glaube nicht, dass ein Zweifel besteht, dass diese ersten Mahlzeiten eine Matrix schaffen, mit der alle Mahlzeiten und Gemeinschaften des Lebens mehr oder weniger bewusst verglichen werden. Die Mahlzeit wird für das ganze Leben sehr viel mehr sein als nur Essen und Ernährung.

Die Mahlzeiten des ersten Lebensjahres gelingen nicht alle gleich. Frisch gebackene Mütter können Schwierigkeiten haben, nicht den Überblick über den nicht enden wollenden Strom an Bedürfnissen des Kindes zu verlieren und darauf zu reagieren. Und seine eigenen Bedürfnisse zurückstellen zu müssen kann gemischte Gefühle wecken. Legt die Mutter das Baby an die Brust, weil es Hunger hat oder weil sie selbst Nähe braucht? Richtet sie sich bei der Ernährung des Kindes nach den Prämissen des Kindes, oder ist es die Angst der Mutter, die den wechselseitigen Kontakt prägt, nicht genug zu tun? Hat sie sich darauf eingestellt, dass der Appetit des Kindes variiert, oder ist sie ängstlich und bezieht sie es auf sich, wenn das Kind kein Interesse zu zeigen scheint? Werden die Mahlzeiten des ersten Jahres ein integraler Bestandteil des Familienlebens oder eine Vorstellung, bei der das Kind allein auf der Bühne steht und die Eltern entzückte Zuschauer abgeben?

Und wie geht der Vater mit der Situation um? Kümmert er sich darum, dass seine Partnerin etwas Ordentliches zu essen bekommt, während sie das Kind stillt, so dass nicht alle Fürsorge auf das Baby ausgerichtet ist? Und was tut er, wenn er die Möglichkeit hat, dem Kind die Nuckelflasche und den Löffel mit Brei zu geben? Kommt er sich dabei vor wie ein Stellvertreter, der das Kind nur mit dem vorgeschriebenen Quantum zu füttern hat, oder nutzt er die Gelegenheit, um *sein* Verhältnis zum Kind zu vertiefen und zu nuancieren? Lässt er sich mit vollem Herzen auf die Beziehung ein mit allem, was an Freude, Frustration und Unsicherheit dazugehört, oder liefert er den Säugling bei der Mutter ab, sobald er verunsichert ist? Kann er seine Frau auf Abstand halten, wenn sie das Weinen des Kindes oder sein ungeschicktes Herumexperimentieren nicht erträgt?

Die Antworten auf alle diese Fragen – und auf viele mehr – entscheiden nicht nur über den Charakter der Mahlzeiten im ersten Lebensjahr des Kindes, sondern sie legen auch die psychischen Befindlichkeiten im Lauf des Tages für die folgenden Jahre fest. Doch unabhängig davon werden die Mahlzeiten der Familie in aller Zukunft eine ganz besondere Mischung aus Essen, Kontakt und Fürsorge sein – ganz gleich, wie viel oder wenig zum Gelingen nötig war.

In Wirklichkeit ist es jedoch so, dass wir eine ganz andere Einstellung zur Bedeutung der Mahlzeiten in der Familie bekommen, wenn erst einmal die Kinder ein paar Jahre alt sind. Einigen von uns ist das Essen sehr wichtig, und sie bemühen sich, wenigstens einmal pro Tag gemeinsam eine Mahlzeit einzunehmen. In anderen Familien gelten andere Normen, so dass das Essen dort zu etwas sehr Zufälligem und Individuellem gerät. Ich glaube, man muss schon ein Fanatiker sein, um die Behauptung aufzustellen, einige Normen schafften eine »bessere« Familie als andere. Hingegen habe ich keinen Zweifel an der Bedeutung, dass bei den Werten der Eltern und ihrer Umsetzung in die Praxis ein Zusammenhang besteht.

Vielen Eltern fällt es schwer zu akzeptieren, dass man für seine Investition mit einem Gewinn belohnt wird. Folglich kann man auf lange Sicht nicht damit rechnen, dass große Harmonie oder Behaglichkeit aufkommt, wenn man alles daran setzt, so schnell, leicht und billig wie möglich mit dem Problem davonzukommen. Im umgekehrten Fall darf man ebenso wenig erwarten, dass die Familie auf sorgfältig und gut zubereitetes Essen Wert legt, wenn man Regeln und Vitaminen mehr Bedeutung beimisst als den Menschen, die das Essen zu sich nehmen, und ihrem Verhältnis untereinander.

Man kann außerdem nicht davon ausgehen, dass harmonische Mahlzeiten immer gelingen, auch wenn man sich viel Mühe gibt, Qualität einkauft, das Essen mit Liebe und Sorgfalt zubereitet und jeden Tag gemeinsam isst. Alles, das die einfachen und die wechselseitigen Beziehungen berührt, kommt bei den Mahlzeiten aufs Tapet – direkt oder indirekt. Wenn nicht der Brauch besteht, regelmäßig gemeinsam zu essen, wird dies zu einem anderen Zeitpunkt und womöglich in anderen Situationen geschehen.

Die Mahlzeit ist deshalb nicht der richtige Ort, seine Kinder oder andere Familienmitglieder zu erziehen. Es ist der Ort, an dem wir unsere Familie sehen und genau erleben können wie sie ist –

zum jeweils gegenwärtigen Zeitpunkt. Wenn Eltern meinen, jetzt müssten andere Saiten aufgezogen werden, tun sie gut daran, einen anderen Zeitpunkt abzuwarten. In dem Punkt reagieren Kinder genauso wie Erwachsene. Jeder Erwachsene weiß, wie unangenehm es ist, wenn man beim Essen angestarrt, zurechtgewiesen und beobachtet wird. Uns vergeht der Appetit, der Genuss und die Lust, mit dem anderen zusammen zu sein, der sich so verhält. Das Verhalten ist kränkend und verletzt Grenzen.

Die seltsamsten und unberechenbarsten Faktoren verschmelzen zu einer guten Mahlzeit in der Familie. Aus psychologischer Sicht ist es immer eine unberechenbare Gemeinschaftsproduktion, zu deren Gelingen alles und alle beitragen. Vieles lässt sich nicht planen, aber bei einigen der Zutaten ist es möglich, und darum geht es u. a. auf den folgenden Seiten.

2. Kapitel
Die Rolle des Gastgebers

Es obliegt der Verantwortung der Eltern, die Führungsrolle in der Familie zu übernehmen und auszuüben. Ich verwende diese Formulierung aus dem Berufsleben in der Hoffnung, dass dadurch meine Überlegungen und Erfahrungen für den Leser deutlicher werden, auch wenn es in Verbindung mit Familien nicht der treffende Begriff ist. Nach dem Zusammenbruch der hierarchisch gegliederten Familie und mit der Bereitschaft, die Kinder als kompetent und gleichwertig anzuerkennen, empfinden Eltern eine große Verantwortung. Doch es fällt ihnen schwer, die Führungsrolle zu übernehmen. Oder vielleicht genauer ausgedrückt, kämpfen und experimentieren viele Eltern damit, einen Modus für die Ausübung der Führungsrolle zu finden, die die Integrität und die Kompetenz der Kinder nicht verletzt oder unterdrückt.

Ich habe in vorangegangenen Büchern den Charakter und den Umfang der Verantwortung der Eltern für das Zusammenspiel mit den Kindern dargelegt und will mich in diesem Punkt auf die Feststellung beschränken, dass die Verantwortung der Eltern in Verbindung mit dem in diesem Buch behandelten Thema in zwei Kategorien zerfällt.

- Die Eltern tragen die Verantwortung für die eigene Ernährung wie auch die der Kinder. (Sollten Zweifel bestehen, was dies in Form von Proteinen, Mineralien, Vitaminen, Kohlehydraten und dergleichen heißt, tut man gut daran, sich Informationen von Mitarbeitern der Gesundheitsbehörde geben zu lassen, die auf diesem Gebiet Experten sind.) Aus rein praktischen Erwägungen bedeutet es, dass die Eltern entscheiden, was eingekauft wird und in welchen Mengen es den Kindern zur Verfügung stehen soll.

- Die Eltern tragen die Verantwortung für den *Umgangston, die Stimmung und das gute Klima* in der Familie – sowohl unter den Erwachsenen als auch zwischen Erwachsenen und Kindern. Ich weise diese Verantwortung nicht den Eltern zu, weil ich der Ansicht wäre, es sei am vernünftigsten oder am meisten gerechtfertigt, sondern weil es eine der beiden zentralen Kompetenzen ist, die Kindern bei der Geburt nicht mitgegeben ist (die andere ist die Fähigkeit, für sich selbst zu sorgen). Wenn die Verantwortung für die Qualität des Zusammenspiels den Kindern überlassen wird, führt es zu Missstimmung, und beide Seiten fühlen sich unwohl.

Die angeborenen Kompetenzen der Kinder in Bezug auf Essen und Mahlzeiten bestehen darin, dass sie die Verantwortung für ihren Appetit und ihren Geschmack übernehmen und ihre Reaktionen authentisch und sinnvoll sind. Sie wissen, wann sie Hunger haben und wann sie satt sind. Man läuft weder Gefahr, dass sie verhungern noch dass sie übergewichtig werden allein auf Grund dieses Phänomens. Kinder haben äußerst feine Geschmacksnerven, um die sie jeder erwachsene Gourmet oder Weinkoster durchaus beneiden würde. Wie bei den Erwachsenen verändert sich in Abständen der Geschmack. Keiner der Aspekte dient dazu, den Koch oder die Köchin in Verlegenheit zu bringen oder die Empfehlungen des Nahrungsmittel-Verbandes zu untergraben.

Ich empfehle den Eltern, die Kompetenz der Kinder in diesen beiden Punkten zu respektieren, auch wenn es den Eltern einiges abverlangt und sie nur ein Kopfschütteln übrig haben angesichts dessen, was wir noch vor einer Generation ganz selbstverständlich als Ausdruck von Liebe und Fürsorge erachteten. Damals lernten Mütter, die Passivität und das Aufstoßen des Säuglings als Anzeichen dessen zu ignorieren, dass er satt ist oder eine Pause braucht, um herauszufinden, ob er noch mehr Appetit hat. Liebe und Fürsorge bestanden darin, das Kind so zu manipulieren, dass es so viel wie möglich in sich hineinstopfte. Größeren Kinder wurde das Essen in der Menge und Zusammensetzung hineingeschaufelt, die den Erwachsenen als angemessen erschien. Ganz gleich, ob man alles aufessen *musste* oder nicht, war das zufriedene Lächeln der Hausfrau nicht misszuverstehen, wenn man seinen Teller geleert hatte. Auch heute noch gehört es für uns, die wir in der Küche gestanden haben, zu einem der Themen, bei dem wir ab und zu Schwierigkeiten haben, zwischen dem Bedürfnis der Kinder und unseren eigenen Vorstellungen zu unterscheiden.

Die dritte angeborene Kompetenz ist die Fähigkeit der Kinder, im Zusammenspiel mit den Eltern durch authentische Reaktionen zu reagieren. Ihre Reaktionen müssen oft decodiert werden, ehe sie für die Eltern einen Sinn ergeben, dennoch sind die Reaktionen real und sozial. Dass sie real sind, bedeutet, sie sind nicht Ausdruck für die Lust des Kindes am Manipulieren im negativen Sinn. Dass sie sozial sind, meint, dass sie einen konstruktiven Beitrag zur Gemeinschaft in der Familie darstellen. Das sechs Monate alte Baby, das sich plötzlich weigert, zusammen mit seiner Mutter und seinem Vater zu essen, hat gute Gründe für sein Verhalten. Das Kind kann am Anteil der Eltern im Zusammenspiel nichts ändern; aber es kann darauf aufmerksam machen, dass es sich nicht wohl fühlt. Das Gleiche gilt für ein Kind von vierzehn Jahren, das beim Essen den Mund verzieht und sich über den Versuch der Eltern lustig macht, es dazu zu bringen, sich ordentlich zu benehmen.

Ich werde in einem späteren Kapitel darauf zurückkommen, wie der Umgang mit dem eigenen Appetit und Geschmack Kindern die Möglichkeit gibt, ins andere Extrem umzuschlagen, und wie die Eltern dieses Verhalten verstehen können, das ihnen ein Rätsel ist oder ihnen wie eine Provokation vorkommt. Doch zunächst einiges über die Werte der Eltern.

Werte

Werte sind das, woran wir glauben. Wir sehen es gern, wenn das, was wir für wichtig halten, auch die Kinder irgendwann übernehmen. Es macht sich für die Eltern bezahlt, wenn sie etwas Mühe investieren, ihre Werte zu diskutieren, zu untersuchen und zu formulieren, solange die Kinder noch ganz klein sind. Die Mühe lohnt sich, weil diese Werte und die geführten Gespräche über diese Werte, die im Lauf der nächsten fünfzehn Jahre notwendig sein werden, die einzige Grundlage bilden, auf der Eltern aufbauen können. Es ist das einzige Fundament, das ihnen Sicherheit bieten und Perspektiven eröffnen kann, wenn Konflikte auftreten oder schnelle Entscheidungen getroffen werden müssen. Das einzige Fundament, das ihren Entscheidungen ausreichende Substanz und tieferen Sinn gibt, so dass die Kinder sie respektieren und mit ihnen kooperieren können.

Die Werte der Eltern sind auch die einzige reale Alternative zur überholten, autoritären Erziehung, zu Machtmissbrauch und dazu, sich von Experten, Kindern, Freunden der Kinder, Werbung, Kampagnen, Müttern und Schwiegermüttern leiten zu lassen. Die folgenden Formulierungen sind weder ausreichend differenziert, noch erheben sie Anspruch auf Vollständigkeit. Sie sind allein als Denkanstöße zu verstehen.

- Bei uns haben Essen und Mahlzeiten keinen so hohen Stellenwert. Wir ziehen lieber andere Formen des Zusammenseins mit den Kindern vor. Selbstverständlich sind wir der Meinung, dass die Kinder etwas Ordentliches zu essen bekommen müssen. Andererseits wollen wir nicht eine Menge Energie darauf verwenden, uns die Hacken nach ökologischem Gemüse und dergleichen abzulaufen.

- Unserer Meinung nach ist es wichtig, dass die Familie unter der Woche auf jeden Fall zu wenigstens einigen Mahlzeiten zusammenkommt und dass das Essen zu Hause in der Hauptsache aus gesunden und ordentlichen Zutaten zubereitet sein sollte. Es braucht Zeit, aber auf der anderen Seite dauert es schließlich nur acht bis zehn Jahre, bis die Kinder alle möglichen anderen Interessen haben.

- Wir haben keine Lust, diesen ganzen Snobismus ums Essen mitzumachen. Wenn die Kinder Pommes frites und Pizza essen wollen, dann haben wir nichts dagegen. Auch wir essen schließlich, was uns am besten schmeckt.

- Das Mindeste, was man tun kann, ist doch, dass man den eigenen Kindern hinsichtlich der Ernährung einen guten Start ins Leben bietet. Das kostet Zeit und erfordert Planung, doch dafür muss man eben einige der eigenen Interessen zurückstellen, bis die Kinder größer geworden sind.
- Essen ist doch eine politische Tat! Wenn man die ethisch nicht vertretbaren Produktionsmethoden der traditionellen Landwirtschaft und die Profitgier der Nahrungsmittelindustrie unterstützt, hintergeht man seine Kinder und Enkel. Wir sind der Meinung, man sollte die Produktion von ökologischen Grundnahrungsmitteln unterstützen – auch wenn es etwas mehr Geld und Zeit kostet.

Werte sind eine persönliche Angelegenheit, an denen man andere teilhaben lassen kann oder die für andere eine Anregung sein können. Für einige kommt das nicht in Frage, weil sie überzeugt sind, ihre Werte seien die *einzig* richtigen. Das Ergebnis ist eine Form von Fanatismus, die jede Mahlzeit und jede Gemeinsamkeit durch Kritik und Ermahnungen zunichte machen kann. Kinder nehmen ohne Probleme Werte an, die in ihren Augen für die Eltern mit Freude und Vergnügen verbunden sind, wogegen sie skeptisch werden gegenüber Werten, die die Eltern mit Hilfe von Kritik, Schuldgefühlen und Selbstgerechtigkeit einführen. Wenn also ein Elternteil beschließt, der erste Vegetarier in der Familie zu werden, in der Hoffnung, den Speisezettel der ganzen Familie umkrempeln zu können, dann gibt es nur einen Weg zum Ziel: Bereiten Sie das Gemüse ansprechend und einladend zu und genießen Sie es gemeinsam mit der Familie, während die anderen das Übliche zu sich nehmen.

Hier folgt ein »Wertetest« mittlerer Schwierigkeitsstufe:
Jakob wird sechs Jahre alt und hat verkündet, dass er seinen Geburtstag mit seinen Freunden gern bei McDonald's feiern will! Wie sollen die Eltern darauf reagieren?

Wenn sie Wert auf die Qualität des Essens legen, dann haben sie ein Problem. Was dort an Gerichten angeboten wird, erfüllt zwar formell die biologischen Mindestanforderungen der Behörden, doch darüber hinaus ist es in jeder Hinsicht minderwertiges Essen.

Was tun, wenn der Brauch am Geburtstag das »Leibgericht« vorschreibt?

Sollen Sie an den eigenen Qualitätsforderungen festhalten, oder sollen Sie sich dem besonderen Druck dessen beugen, was sich Jakob in den schönsten Farben ausmalt?

Ist es wichtig, dass Jakob Übung und Erfahrung darin bekommt, dass er Gastgeber und Hauptperson bei sich zu Hause ist?

Wenn Sie sich dem sozialen Druck von Seiten der Freunde und Eltern beugen, riskieren Sie, dass ein besonderer persönlicher Gedenktag in einen sozialen Beachte-mich-Tag verwandelt wird. Wollen Sie das?

Welche Bedeutung hat es in den vorangegangenen Jahren für Sie gehabt, mit Verantwortung und Freude Jakobs Geburtstagsfeste vorzubereiten?

Hat es einen Wert dargestellt oder sind Sie erleichtert darüber, dass sich Ihnen endlich die günstige Möglichkeit bietet, sich davon freizukaufen?

Wenn Sie mit nein antworten, dann wird das Geschrei groß. Kann man das machen, ausgerechnet am Geburtstag des eigenen Sohnes?

Was wäre, wenn Ihnen die ganze Idee innerlich zwar zuwider ist und Sie aber gute Miene zum bösen Spiel machen? Geht das?

Aus guten Gründen kenne ich die richtige Antwort nicht, aber spielen Sie doch selbst die Möglichkeiten durch.

Unabhängig von der Wertgrundlage sind der Einkauf, die Zubereitung des Essens und die Mahlzeiten in Abständen immer wieder mit größeren und kleineren Konflikten zwischen Eltern und Kindern verbunden. Die Mahlzeiten unterscheiden sich da nicht vom übrigen Familienleben – sie spiegeln es wider.

Lust und Bedürfnis

Als meine Generation erwachsen wurde, war für uns der Gebrauch des Ausdruck »Lust zu« ein Protest gegen das »Du musst!« der Kindheit. Es sollte Schluss sein mit lästigen Pflichten und moralischen Ge- und Verboten. »Jetzt machen wir, wozu wir Lust haben!« hieß die neue Parole. Der Ausdruck hat sich leider in der täglichen Umgangssprache gehalten, obwohl er in vieler Hinsicht veraltet ist.

Für einige Eltern ist der Ausdruck fast zu einem Synonym für Demokratie und Mitbestimmung geworden. Die Eltern sind zur »Bedienung im Lustcafé der Kinder« geworden, wie es der norwegische Psychologe Magne Raundalen mit einer humorvollen Metapher umschreibt. Allerdings gibt es in den Familien nicht viel zu lachen, wo die Eltern in diese Rolle geraten sind.

In einer Demokratie geht es nicht darum, dass wir alle tun und lassen dürfen, wozu wir gerade Lust haben. Es geht um die Freiheit, unsere Bedürfnisse auszudrücken und die Chancen zu untersuchen, sie sich im Rahmen und in den Möglichkeiten der Gemeinschaft zu erfüllen und womöglich die Gemeinschaft zu mobilisieren, den Rahmen zu verschieben. Damit ist in etwa umrissen, worum sich das gemeinsame Leben in einer Familie dreht.

Kinder wissen fast immer, wozu sie Lust haben. In den ersten zwölf bis vierzehn Jahren wissen sie jedoch nicht so genau, wie ihre realen *Bedürfnisse* aussehen. Darum ist es wichtig, dass Eltern Sorge für die Bedürfnisse der Kinder tragen. Zu einer Reihe von grundsätzlichen Bedürfnissen gehören zum Beispiel das Bedürfnis nach ausreichendem und abwechslungsreichem Essen, nach Wärme, Fürsorge, Aufmerksamkeit und dergleichen mehr. Und dann sind da noch die persönlichen Bedürfnisse, die die Eltern erst im Lauf der Zeit entdecken, wenn sie jedes einzelne Kind kennen lernen. Einige Kinder haben ein großes Bedürfnis nach Umarmungen und Zärtlichkeiten, andere fühlen sich nur wohl, wenn Erwachsene eine bestimmte Distanz respektieren. Wiederum andere müssen viel reden und diskutieren, um sich selbst zu finden, während einige eher philosophisch veranlagt sind. Manche haben im Vergleich zu anderen eher das Bedürfnis nach viel physischer Aktivität. Manche schaufeln sich das Essen mit sichtbarem Wohlbehagen hinein und andere essen mit großer Akkuratesse und Sorgfalt.

Beide Arten von Bedürfnissen machen einen wesentlichen Bestandteil der persönlichen Integrität des einzelnen Kindes aus, um die sich zu kümmern Aufgabe der Eltern ist, bis das Kind im Lauf der Zeit gelernt hat, diese Aufgabe selbst zu übernehmen. Es dauert im günstigsten Fall die gesamte Kindheit zu lernen, wie man seine Bedürfnisse so ausdrückt und seine Grenzen in einer Weise so markiert, dass andere sie verstehen und respektieren können. Bis dahin werden gesunde Kinder im Allgemeinen dazu neigen, ihre spontane Lust über ihre langfristigeren Bedürfnisse zu stellen. Das geschieht u. a., weil eins ihrer wichtigsten Bedürfnisse darin besteht, Eltern zu haben, die den Überblick behalten und den Mut besitzen, die Verantwortung zu übernehmen und den Konflikt nicht zu scheuen.

In Familien, wo die Eltern die ganze Zeit fragen: »Worauf hast du Lust?« und sich jedes Mal verpflichtet fühlen, dem Kind das zu geben, worauf es Lust hat, *nur weil sie gefragt haben*, führt es dazu, dass man das Bedürfnis des Kindes nach Führung durch die Eltern und somit eine Reihe anderer wichtiger Bedürfnisse vernachlässigt. Nach einigen Monaten hat das Kind am Ende, ohne es selbst gewollt zu haben, die Führungsrolle zum großen Nachteil aller drei Parteien übernommen: des Kindes – der Eltern – und ihres wechselseitigen Verhältnisses.

Gute Mahlzeiten zeichnen sich aber nun einmal durch eine Synthese von Lust und Bedürfnissen aus, und sie bleiben deshalb eine Herausforderung im Hinblick auf die Führungsrolle der Eltern und bieten eine Möglichkeit, diese Rolle zu entwickeln. Genauso verhielt es sich vor zwei bis drei Generationen. Obwohl die finanziellen Verhältnisse, die jahreszeitlich begrenzte Auswahl an Zutaten und die Abwesenheit von Fastfood es für beide Seiten einfacher machte, zu reagieren.

Ich werde im Lauf des Buches auf unterschiedliche Methoden zurückkommen, wie man mit den immer wiederkehrenden Konflikten zwischen Lust und Bedürfnis umgeht (S. 25 f. und S. 86 ff.) und im Folgenden einige der wichtigsten Unterschiede skizzieren, die zwischen dem *Bestimmen* und dem *Ernstgenommenwerden* bestehen.

Kompetenz und Erfahrung

Kinder sind kompetent, aber ihnen fehlt es an Erfahrung. Erwachsene haben Lebenserfahrung und sollten durch das Zusammensein und die Zusammenarbeit mit dem Kind etwas über die Kompetenz des einzelnen Kindes lernen. Diesen Prozess nennen wir *Einbe*ziehung im Unterschied zur *Erziehung*, wobei den Erwachsenen unterstellt wird, alles zu wissen, und dem Kind, nichts zu wissen. Erziehung führt zu Machtkämpfen, weil niemand gern als inkompetent gelten und von oben herab behandelt werden will. Einbeziehung fördert das Selbstwertgefühl, das Selbstvertrauen, das Verantwortungsgefühl und die Fähigkeit zur Kooperation und basiert auf Gleichwertigkeit. Wenn die Lust des Kindes ununterbrochen die Handlungen der Eltern bestimmt, so ist das weder Erziehung noch Einbeziehung, sondern Übertragung, weil die Erwachsenen die Führungsrolle auf das Kind übertragen.

Gleichwertigkeit ist weder gleichzusetzen mit *Gleichheit* noch mit *Ebenbürtigkeit*. Eltern besitzen mehr Macht und haben eine ganz andere Verantwortung als Kinder. Deshalb sind beide Seiten weder gleich noch ebenbürtig. Kinder mit Gleichwertigkeit zu behandeln bedeutet, *ihre Individualität und ihre Menschenwürde zu respektieren*. Dies geschieht u. a., indem man *für die Kompetenzen, Ansichten, Gefühle, Bedürfnisse und Grenzen der Kinder Aufmerksamkeit und Interesse entwickelt und indem man sie ernst nimmt*.

Vor diesem Hintergrund treffen Eltern die notwendigen Entscheidungen, bis die Kinder 13 bis 14 Jahre alt sind. Danach sollten die Eltern es generell unterlassen, ihre Macht auszuüben. Stattdessen sollten sie sich versichern, dass *ihre* Kompetenz, Ansichten und Einstellungen gehört und ernst genommen werden.

Fragt man Kinder, worauf sie zum Frühstück oder Abendessen Lust haben, dann geschieht es nicht, um ihnen die Macht zum *Bestimmen* zu überlassen, was auf den Tisch kommt. Es ist Ausdruck eines allgemeinen Interesses an ihrer Meinung. Selbstverständlich kann man sie bitten, das Essen zu *bestimmen*, aber das ist eine ganz andere Situation. Nach ihren Vorstellungen zu fragen verpflichtet denjenigen, der einkauft und das Essen kocht, nicht, sich danach zu richten! Ebenso wenig, wie in Fällen, wenn die Frage lautet, was sie sich zu Weihnachten oder zum Geburtstag wünschen.

Es gibt zwei sichere Methoden, wie man seine Rolle als Gastgeber untergraben kann. Die erste ist die gerade geschilderte und die zweite besteht darin, den Kindern das zu geben, worauf sie Lust haben, um Konflikten aus dem Weg zu gehen.

In beiden Fällen tragen am Ende die Kinder die Verantwortung für die Stimmung und dazu sind sie, wie schon vorher erwähnt, überhaupt nicht in der Lage.

Deshalb müssen es die Eltern sein, die die Entscheidungen treffen. Wenn die Bedürfnisse der Kinder mit denjenigen der Eltern wie auch ihren Werten übereinstimmen, ist es selbstverständlich kein Problem. Es entsteht auch kein Schaden, wenn die Kinder ab und zu einmal das bekommen, was sie haben wollen. Aber es muss einen deutlich sichtbaren, roten Faden in der Führungsrolle der Erwachsenen geben, damit die Kinder sich wohl fühlen und sich harmonisch entwickeln und wenn sich das Zusammensein in der Familie sinnvoll und fruchtbar gestalten soll. Dazu gehört auch, dass die Eltern ihre Vorstellungen im Einklang mit ihren Erfahrungen und dem Input der Kinder revidieren und differenzieren.

Gesunde Kinder kämpfen und argumentieren, um das zu bekommen, worauf sie Lust haben. Eine Fähigkeit, die sie unbedingt bewahren und den Rest ihres Lebens weiter entwickeln müssen. Diese Entwicklung findet nur dann statt, wenn sie in verantwortlichen Erwachsenen ein seriöses Gegenüber finden, das bereit ist, sie ernst zu nehmen, ohne ihnen notwendigerweise Recht zu geben. Ohne dieses Gegenüber bleibt die Entwicklung in einem Stadium stecken, in dem das Kind auf sich selbst fixiert und rechthaberisch wird. Es sei denn, Eltern beschließen abzudanken. Die Folge ist eine endlose Reihe von Machtkämpfen. Im Allgemeinen verhält es sich mit Kindern und Erwachsenen in der Familie so, dass wir weniger darauf aus sind, Recht zu bekommen oder unseren Willen durchzusetzen, je mehr wir uns von den anderen ernst genommen fühlen.

Man behandelt das Kind weder lieblos, noch unterdrückt man es, noch macht man sich mangelnder Fürsorge schuldig, wenn Kinder nicht immer das bekommen, worauf sie Lust haben. Das Gegenteil ist der Fall. Es fällt bestimmt nicht immer gleich leicht, »Nein!« zu denen zu sagen, die wir lieben oder »Ja!« zu unseren eigenen Bedürfnissen und Erfahrungen. Aber es ist der einzige Weg. Beide Seiten lernen Gleichwertigkeit und Respekt von anderen Menschen. Es ist auch die beste Methode, seinen Kindern beizubringen, wie man den Unterschied zwischen den eigenen wechselnden Lüsten und den wesentlichen Bedürfnissen erkennen lernt.

Die Gemeinschaft

Für die ersten zwölf bis vierzehn Monate im Leben eines Kindes müssen die Eltern nahezu ununterbrochen ihre eigenen Bedürfnisse zurückstellen oder zu Gunsten des Kindes auf die Warteliste setzen. So sehen die Bedingungen aus, wenn dem Kind die Fürsorge und die Aufmerksamkeit zukommen sollen, die notwendig sind, um ihm einen guten Start ins Leben zu ermöglichen. Ist diese Phase abgeschlossen, ist es genauso wichtig für die Entwicklung des Kindes, dass die Bedürfnisse der Eltern beginnen, etwas mehr Raum einzunehmen. Kinder werden mit der Fähigkeit geboren, die Gefühle, Stimmungen und Bedürfnisse der Eltern wahrzunehmen.

Sie haben aber aus verständlichen Gründen weder eine intellektuelle Vorstellung davon noch die Erfahrung, darauf zu reagieren.

In den ersten Monaten ist es wichtig, dass die Person, die das Kind füttert, ihre volle Aufmerksamkeit auf das Kind konzentriert. Und es ist von Vorteil, wenn der andere Elternteil ebenfalls anwesend ist.

Wenn das Kind vom Schoß auf den hohen Kinderstuhl wechselt, dann ist es an der Zeit, dass Geschwister wie Eltern die Aufmerksamkeit gleichmäßiger verteilen und auch Raum für ihre eigenen Bedürfnisse schaffen. Das kann bedeuten, dass das Kleinste nicht immer die Aufmerksamkeit bekommt, die es haben will, wenn es ihm gerade passt. Es führt dazu, dass das Kleinkind frustriert ist und man es ihm ansieht und es hört, und das ist ganz in Ordnung!

Frustration, Wut und Weinen sind untrennbare Bestandteile eines jeden einzelnen Lernprozesses – vor allem in den ersten fünf bis sechs Lebensjahren. In diesem Zeitraum soll das neue Familienmitglied eins der wichtigsten Grundprinzipien jeder Gemeinschaft lernen: *Man kann seine Bedürfnisse ausdrücken und darum bitten, was man haben möchte; aber man kann es nicht immer bekommen – und dann ist es in Ordnung, dass man sich darüber ärgert!*

Wenn kleine Kinder diese Erfahrung im Lauf der ersten Monate nicht machen, kann es sogar für alle Beteiligten sehr anstrengend werden, wenn sie es erst später lernen. Einige Eltern machen sich ständig Sorgen, ihr kleiner Liebling bekäme nicht genug Aufmerksamkeit. Andere werden – zu Recht oder nicht – von Schuldgefühlen geplagt, sie verbrächten zu wenig Zeit mit dem Kind. Beide Gefühle können eine Situation um den Esstisch entstehen lassen, bei der das Kind ununterbrochen zum Mittelpunkt gemacht wird und schon die geringste Andeutung von Frustration fieberhafte Hyperaktivität bei den Eltern auslöst. Machen Sie Schluss damit! So schnell wie möglich!

Wer im Mittelpunkt steht, ist kein Teil der Gemeinschaft mehr!

3. Kapitel
Das Essen

Meines Wissens sind noch nie so viele Kochbücher veröffentlicht und gekauft worden wie heute. Es hat wahrscheinlich auch nie so viele Rezepte in den unterschiedlichsten Medien und so viele nationale und ethnische Traditionen zu entdecken gegeben. Auf der anderen Seite gibt es immer mehr Halbfertigprodukte, Take-Away-Gerichte und Fastfood. Die Nahrungsmittelindustrie setzt alles daran, den Behörden zu beweisen, dass »functional food« ein neues und notwendiges Geschenk an die Menschheit ist. In ein paar Jahren brauchen wir weder selbst zu schmecken noch selbst zu denken. Wir werden uns einfach auf die Marketingexperten und Politiker verlassen. Wohl bekomm's!

Ich muss allerdings gestehen, dass ich ein altmodischer Mensch bin. Liebend gern kaufe ich bei den Einzelhändlern ein, die ihren Beruf und ihre Kunden ernst nehmen. Ich liebe es, Gemüse zu putzen. Und ich bin stolz auf meinen sicheren Blick, mit dem ich frischen Fisch, gutes Fleisch und gesunde Hähnchen erkenne. Es quält mich, dass wir so tief gesunken sind, dass es nicht mehr um die echte Qualität unserer Nahrungsmittel geht, sondern dass wir uns damit begnügen, in Kategorien wie verhältnismäßig gesundheitsschädliche und »sichere« Nahrungsmittel zu unterscheiden. Ich habe grundsätzlich großen Respekt vor staatlich autorisierten und alternativen Ernährungsberatern. Ich weigere mich jedoch zu glauben, dass es eine offizielle Regelung gibt, mit der alle Seiten zufrieden sein können. Wir sind, was wir essen, wird uns gesagt. Ohne widersprechen zu wollen, ist meine Hoffnung, dass mehr Menschen ein Essen zubereiten und zu sich nehmen, von dem ihre Sinne ihnen verraten, das es für sie das richtige ist. Ohne Freude,

Poesie und Lust wird das tägliche Essen auf den Status einer Medizin oder eines Mittels im Dienst der Eitelkeit reduziert. »Gesundheit« ist ein weitaus komplexerer Begriff, als die meisten Gesundheitsexperten vorgeben.

Was ist gutes Essen?

Ist es das Essen, das wir gern zu uns nehmen und gut verdaulich ist, das mit Engagement und Sorgfalt aus frischen, guten Zutaten zubereitet ist? Das Bild des Essens in den Medien wimmelt nur vor Warnungen und Empfehlungen, die im Großen und Ganzen darum kreisen, wie wir riskieren, krank oder möglicherweise wieder gesund zu werden, wenn wir erkrankt sind. An fast keiner Stelle wird auf die Freude, den Genuss, die Schönheit und Qualität hingewiesen, die für meine Begriffe genauso wichtig für unsere Gesundheit sind wie die konkrete Kombination von Vitaminen und Mineralien.

Familien von heute mit Kindern haben das Glück, dass Ernährungsratgeber und Gastronome die Geheimnisse des guten Essens wieder entdeckt haben: wenige, frische Zutaten so einfach wie möglich und in so kurzer Zeit wie verantwortbar zubereitet. Keine in der Ernährung ausgewogene und ansprechende Mahlzeit braucht zur Zubereitung länger als eine Dreiviertelstunde zu dauern. Es gibt zwar hervorragende Gerichte, die in der Zubereitung zeitaufwendiger sind. Die kann man schließlich erst einmal außer Acht lassen, bis man mehr Zeit hat als die meisten Menschen heutzutage. Die Zusammensetzung der Speisen in der Familie stellt ebenso wenig ein Problem dar. Die vertraute »Ernährungspyramide« in den großen Supermärkten ist alles an Anleitung, was wir brauchen: gutes, grobkörniges Brot, Obst und Gemüse, eine vernünftige Mischung aus Fleisch, Fisch und Geflügel und Molkereiprodukten für die Kinder, sofern sie keine Allergie haben. Das Gleiche gilt für die Fälle, wenn Mahlzeiten nach Rezept oder nach Lust und Fantasie zubereitet werden oder wenn man spontan oder nach einem Wochenplan kocht.

Haben Kinder das Alter erreicht, in dem sie etwas anderes als Brei zu sich nehmen können, dann ist es sinnvoll, wenn das Essen auf ihrem Teller dem der Erwachsenen gleicht. Es muss nicht dasselbe Gericht sein. Aber kleine Kinder haben einen Sinn für Ästhetik. Halten Sie deshalb so weit wie möglich das Fleisch oder den Fisch und die verschiedenen Gemüse getrennt voneinander und zerstören Sie die klare Farbpalette des im Wok gebratenen Gemüses nicht, in dem Sie es in kleine Stücke schneiden. Auch wenn die Eltern wissen, dass das Kind nicht mit den großen Stücken zurechtkommt, so lassen Sie es den Sinneseindruck genießen, bevor Sie alles klein schneiden. Das Gleiche gilt für Frikadellen oder Hackbraten mit brauner Sauce und Kartoffeln: Lassen Sie es auf dem Teller liegen, damit es dem Essen der Erwachsenen gleicht, und bieten Sie danach an, es zu zerschneiden und die Kartoffeln mit der Gabel zu zerdrücken.

Mir sind viele Eltern begegnet, die behauptet haben, *ihre* Kinder weigerten sich, z. B. Gemüse zu essen. In Wirklichkeit hat sich herausgestellt, dass die Kinder das ansonsten schmackhafte Gericht nicht essen wollten, weil es zerschnitten und zur Unkenntlichkeit zerdrückt war.

Die meisten Kinder haben Phasen, in denen sie eine bestimmte Speise vorziehen – und zwar jeden Tag! Es ist ganz und gar der Einstellung, den finanziellen Verhältnissen und der Zeit der Eltern überlassen, ob sie dem Kind nachgeben wollen – und zwar jeden Tag! Es ist kein Problem, »Stopp!« zu sagen. Aber verzichten Sie darauf, ihre Entscheidung zu rechtfertigen, indem Sie die Lust der Kinder als falsch abtun oder einen gelehrten Vortrag über gesunde Ernährung halten. Ein einfaches »Das koche ich heute nicht für dich« reicht. (Viele Mütter erleben ähnliche Phasen während der Schwangerschaft und wissen daher selbst, wie schnell man lernt, für Ermahnungen anderer auf beiden Ohren taub zu werden.)

Genauso wenig ist es ein Problem, wenn die Person, die für die Mahlzeit des Tages verantwortlich ist, den eigenen Prinzipien und Eigenheiten folgt. Ich war z. B. nie bereit, das Vorbild dafür abzugeben, dass die Kinder meine mit Sorgfalt zubereiteten Gerichte mit Tomaten-Ketchup übergießen dürfen, und habe deshalb auch nichts dergleichen im Haus. Einige meiner kleinen Gäste erlebten eine Überraschung und waren etwas beleidigt. Das ist dann eben so! Es hat mich nie interessiert, ob der Verzehr von Ketchup gesund oder ungesund ist. Es kommt mir einfach nicht auf den Tisch und damit müssen sie sich abfinden. Auf die Kindheit folgt ein langes Leben, in dem die Kinder machen können, was sie wollen.

Maßstab ist das, was die Erwachsenen vertreten können. Wenn man es fertig bringt, mit einem Lächeln auf den Lippen seinem Kind drei Monate lang jeden Tag Spaghetti mit Hacksoße zu servieren, dann tun Sie sich keinen Zwang an. Wenn Sie dazu nicht im Stand sind, dann lassen Sie es. Es sorgt für ungute Stimmung in der Familie, wenn die Erwachsenen ein doppeltes Spielchen treiben, nur damit der Haussegen nicht schief hängt. Manipulieren die Erwachsenen die Kinder in diesem Sinn, sind jene gezwungen zu lernen, später ihre eigenen Kinder ebenfalls zu manipulieren.

Man kann diesen monomanen Phasen in begrenztem Maß vorbeugen, indem man die Kinder so früh wie möglich zum Einkaufen mitnimmt und ihnen etwas über die Zutaten beibringt, die man entweder kauft oder liegen lässt. Ein Teil dieser pädagogischen Prozesse kann in den Geschäften, und der andere muss zu Hause in der Küche stattfinden, z. B.:

- Lassen Sie die Kinder den Unterschied zwischen einer knackigen, saftigen und einer halb verschrumpelten, holzigen Möhre fühlen und schmecken oder zwischen einer formlosen, verkochten Karotte und einer, die immer noch Biss und Geschmack hat.
- Lassen Sie sie den Unterschied zwischen einer normalen Tafel Schokolade und einer guten Kochschokolade sehen und schmecken.
- Lassen Sie sie den Unterschied zwischen einem minimalistischen Kotelett aus drittklassigem Schweinefleisch aus dem Sonderangebot und einem mürben und saftigen Qualitätskotelett schmecken – auch wenn man sich Letzteres nur hin und wieder leisten kann.

- Lassen Sie sie den Unterschied zwischen einem einheimischen Herbstapfel und einem gewachsten, reisemüden Ersatzapfel aus Südamerika riechen, fühlen und schmecken.
- Geben Sie ihnen die Möglichkeit, den Unterschied zwischen einem Salatkopf, der in richtiger Erde angebaut wurde, und einem Salat, der in Holzwolle gestanden und zum Überleben am Tropf gehangen hat, zu schmecken; zwischen einer weichen und knusprigen, selbstgemachten Fischfrikadelle und einem Mehlball mit Fischgeschmack aus der so genannten »Delikatess-Abteilung« im Supermarkt; und zwischen einer in der Sonne gereiften, sommertrunkenen Freilandtomate und ihrer armen Verwandten, die um die Weihnachtszeit von den Kanarischen Inseln zu uns eingeflogen wird; zwischen schonend blanchiertem, frisch gepflücktem Spinat und der tiefgefrorenen Variante; zwischen einem lockeren und knusprigen, selbstgemachten Pizzaboden und der pappigen, schlechten Entschuldigung aus dem Tiefkühlfach im Supermarkt; zwischen fetttriefenden und stechend riechenden Hamburgern der Fastfood-Ketten und einem anständigen Steak aus reinem Ochsenfleisch; zwischen einem gut geräucherten Kassler Rippchen vom Metzger und einem von Salzwasser und Nitrit sabotierten Schweinefilet vom Wochenend-Super-Sonderangebot beim Discount-Markt an der Ecke; lassen Sie sie den Unterschied zwischen einer Scheibe Schinken sehen, die in der Pfanne in ihrem eigenen Fett brät, und einer Scheibe, die in einer wässrig und ungesund aussehenden, weißlichen Substanz vor sich hin blubbert; lassen Sie sie den enormen Unterschied erleben, den eine Kartoffel ausmacht, die eine Stunde im Ofen verbracht hat, und einer Erdknolle, die nach einigen Minuten in der Mikrowelle gegessen wird; von einer vorzeitig reifen, neuen Kartoffel ohne Geschmack und Form und einer, der man die notwendigen drei Wochen Ruhe gegönnt hat, um Fülle, Farbe und Aroma zu entfalten.
- Lassen Sie sie die Hände, Augen und Nase benutzen, wenn die Auswahl beim Gemüsehändler, Fischhändler und Metzger ge-

troffen werden soll, und erlauben Sie ihnen, die Lebensmittel noch roh zu probieren, sobald Sie zu Hause sind.

- Machen Sie es gemeinsam mit den Kindern und lernen Sie mit ihnen – nur ein- oder zweimal in der Woche. Es ist wichtiger, macht mehr Spaß und ist sinnvoller als jeder Videofilm. Es ist keine Frage der Zeit. Die Frage ist, womit wir die Zeit, die uns zur Verfügung steht, verbringen.

Kinder, die diese Geschmacks- und Sinneserlebnisse haben, bewahren sie für immer in ihrem Gedächtnis. Man darf nicht erwarten, sie alle würden daraufhin mit ihren sechs Jahren bereits ein Bewusstsein für Zutaten und Qualität entwickeln und hielten sich zukünftig von minderwertigen Produkten fern. Doch auf lange Sicht werden diese Sinneseindrücke zu wichtigen Richtlinien in ihrem Leben.

Das Essen, das auf den Tisch der Familie kommt, hat neben dem Geschmacks- und Nährwert auch noch eine andere Bedeutung. Es wird als Symbol für das Engagement, die Liebe und Fürsorge der Eltern erlebt. Wir denken nicht mehr viel darüber nach, wenn wir erst einmal unsere Gewohnheiten und Standards etabliert haben. Doch jeder Mensch, der als Stiefvater oder -mutter in eine Familie kommt, spürt die gespannte Stimmung, die herrscht, wenn man zum ersten Mal für die neue Familie gekocht hat. Der Erwachsene weiß, dass es ein Symbol dafür ist, dass er oder sie jetzt den guten Willen zeigt und gern zur neuen Familie dazugehören will. Für Kinder ist es ein bedeutendes und intimes Erlebnis, *Nahrung* von einem nicht vertrauten Menschen anzunehmen, der sich plötzlich so verhält, als gehörten sie alle zu einer richtigen Familie. Wenn ihre Beziehung zu dem neuen Erwachsenen gestört ist, fehlt ihnen der Appetit, oder sie nörgeln an dem Essen herum.

Die Art und Weise, wie das Essen zubereitet wird, überträgt sich auf die Stimmung in der Familie, mag der Standard hoch, mittel oder niedrig sein. Es gibt Tage, an denen wir weniger Lust haben als an anderen – entweder weil es Mühe erfordert, für die wir gerade keine Energie haben, oder weil die Stimmung in anderen Bereichen getrübt ist. So ist es dann eben. Es gelten die gleichen übergeordneten Prinzipien für Mahlzeiten wie z. B. für Ferien, Gute-Nacht-Geschichten, Erotik und Liebe: Qualität hängt vom Engagement ab und nur die wenigsten Familien sind in der Lage, sich die ganze Zeit gleichbleibend intensiv auf allen Gebieten zu engagieren. Beim Leben in einer Familie geht es nicht darum, »richtig« zu sein, sondern sich und der Gemeinschaft treu zu sein.

Zeit

Die Realitäten des Lebens stellen selten ein Problem an sich dar. Unser Verhalten gegenüber diesen Realitäten ist es, das darüber entscheidet, ob sie als etwas Positives, Bereicherndes, Frustrierendes, Überflüssiges oder Langweiliges erlebt werden. Die Realität sieht so aus, dass wir alle in bestimmten Abständen essen müssen und dass die Eltern die Verantwortung für die Ernährung der Kinder tragen.

Hinzu kommt eine Reihe von ganz individuellen Realitäten wie z. B.: Arbeitszeit, Freizeitinteressen, ein Vierjähriger, der spätestens um 19.30 Uhr ins Bett geht, die Lust am und die Übung der Eltern im Kochen usw.

Wenn all diese vielen Realitäten einen nicht an der Nase herumführen sollen – mit Schuldgefühlen als einem unumgänglichen Nebenprodukt –, müssen die Werte der Eltern auf eine Weise als eine Art Kitt fungieren, der die Realitäten zusammenfügt, die sie vertreten und mit der sie zufrieden sein können. Man kann ein vollkommen zufriedenes Familienleben führen, ohne sich nach den Werten der Experten, der Freunde, der übrigen Familienmitglieder zu richten. Unzufriedenheit ist nicht zu vermeiden, wenn man seinen eigenen Werten nicht treu bleibt oder nicht über sie nachdenkt aus Angst, man könnte gezwungen sein, etwas in seiner Familie zu ändern.

Ich glaube, meine Generation, die jetzt gerade dabei ist, Großeltern zu werden oder es schon ist, muss die volle Verantwortung dafür übernehmen, dass es eine Zeit lang mit viel Prestige verbunden war, viel zu arbeiten und keine Zeit zu haben. Ich habe den Eindruck, dieses Phänomen ist langsam im Abklingen. Zurückgekehrt sind die unrealistischen Vorstellungen von Eltern kleiner Kinder, dass sie nach Möglichkeit alles erreichen, was in ihrer Macht steht, bevor sie Kinder bekommen. Wenn ich mir ihre abgehetzten, abgespannten und müden Gesichter betrachte, stelle ich mir vor, dass auch dieser »Trend« von nur kurzer Dauer sein könnte. Es gibt zu viele wertvolle Augenblicke und Ereignisse im Leben, die sich durch Planung nicht herbeiführen lassen.

Ich bin der Meinung, die Zeit, die man zum Einkaufen, Kochen und zum Zusammenkommen zu den Mahlzeiten braucht, ist eine wertvolle Art des Zeitvertreibs und eine vernünftige Investition in die Familie als Ganzes. Dies ist nicht die »Wahrheit« über Essen und Mahlzeiten in der Familie. Es ist meine Meinung.

Ich habe einige Eltern die Ansicht vertreten hören, es gebe sinnvollere Möglichkeiten, seine Zeit zu verbringen, an der auch die Kinder ihre Freude haben: mit den Kindern fernsehen, mit Autos und Puppen spielen, Spiele spielen und Ähnliches mehr. Im Folgenden werde ich versuchen zu illustrieren, dass nicht alles, was unmittelbar »kinderfreundlich« klingt, notwendigerweise auf längere Sicht auch das Beste für das Kind sein muss.

In der Küche

Die Küche einer Familie fungiert in hohem Maß als »Herz« des Hauses. Wird dort regelmäßig das Essen vorbereitet und gekocht, wird sie zu einem der zentralen Räume, in dem sich Erwachsene wie Kinder gern aufhalten oder dort aus- und eingehen. In dem Umfang, wie ein oder beide Elternteile Spaß am Kochen haben, ist sie ein Raum, der positive Energie in das übrige Haus ausstrahlt.

Ich habe mich oft gewundert, dass nicht mehr Männer öfter die Gelegenheit nutzen, sich regelmäßig in der Küche zu betätigen. Einkauf und Essenszubereitung bieten Möglichkeiten, Fürsorge,

Verantwortung und Liebe auszudrücken, die im klassischen Sinne maskulin sind, da sie konkret, physisch und (auch) ergebnisorientiert sind. Zugleich ist die Arbeit kreativ, ästhetisch und sinnlich, ohne dass man die ganze Zeit darüber Worte verlieren müsste. In der Summe stellen diese Qualitäten etwas mehr als den perfekten, rekreativen Übergang vom Arbeits- zum Familienleben, von der Abwesenheit zur Anwesenheit, von der Trennung zum Zusammensein und von der Leistung zum Dasein dar. Das Gleiche gilt selbstverständlich für die Frauen.

Menschen, die zum Kochen keine Lust haben oder schlichtweg finden, sie hätten kein Talent dazu, haben meine volle Sympathie; obwohl es mir aus guten Gründen schwerfällt, sie zu verstehen. Es muss für die Hausfrauen vergangener Tage die Hölle gewesen sein, die so gedacht haben und auch für die vielen allein erziehenden Elternteile unserer Tage. Ich habe nicht viel mehr Hilfe als ein paar Fragen und einen Vorschlag anzubieten.

- Haben Sie sich einmal hingesetzt und überlegt, was Sie wirklich gern essen und was ihrem Körper am besten tut? Oder vergleichen Sie die ganze Zeit sich selbst und ihre Art zu kochen mit den alten und neuen Autoritäten?
- Denken Sie bei Essenszubereitung und Mahlzeiten daran, was ich oben zu beschreiben versucht habe? Oder ist es für Sie nur eine (weitere) zeitraubende, praktische Aufgabe? Denken Sie anders darüber, wenn Sie bei Freunden und der Familien essen oder zum ersten Mal Besuch von einem neuen Partner haben?
- Warum nicht einen Koch-Kurs machen? Es macht Spaß, sich kompetent zu fühlen.

In den Händen weniger professioneller Köche kann sich die Zubereitung von Speisen fast zu einer großen Kunst entwickeln. Der kreative Prozess ist der Arbeit eines Künstlers zum Verwechseln ähnlich, und für den Gast kann das Erlebnis eine gleiche Bandbreite umfassen – von Provokation und Überraschung über Genuss und Herausforderung bis zur emotionalen Berührung. Ich habe das Privileg, dass sich mir gelegentlich die Möglichkeit bietet, Mahlzeiten dieser Güteklasse zu erleben. Aber zu Hause in meiner eigenen Küche bin ich ganz zufrieden damit, dass ich ein geschickter Handwerker bin – ein wenig wie ein Hobby-Schreiner, der eigentlich ebenso zufrieden ist, wenn er Nistkästen für den Garten oder Regale für das Zimmer seiner Tochter baut. Hin und wieder versuche ich mich an einem Sekretär, bin aber ganz mit mir zufrieden, wenn dabei eine akzeptable Kommode herauskommt.

Wie soll man die Freude vermitteln beim Waschen von guten Kartoffeln, beim Schälen ordentlicher Möhren, beim Pahlen neuer Erbsen, beim Spülen und Säubern von ein paar Hand voll Feldsalat, beim Würzen eines Hähnchens, beim Schneiden von Fischfilet, beim Putzen eines Schweinefilets, beim Schaumigrühren einer Suppe, beim Binden eines Fonds oder beim Zubereiten einer Portion Vanille-Eis? Oder wie die wechselnden Kombinationen aus Knusprigkeit, Weichheit, Duft, Geschmack, Kontrasten, Harmonien und Sinneseindrücken beschreiben, die zum Gefühl hinzukommen, dieses Handwerk zu *beherrschen*?

Es ist wohl nicht möglich, oder vielleicht bin ich nur nicht dazu fähig? Es war auch nicht mein Ausgangspunkt. Den Ausgangspunkt bildete eine Mischung aus Notwendigkeit und Lust. Und das Ergebnis bestand auf lange Sicht nur darin, dass jeden Tag etwas zu essen auf dem Tisch stand. Alles andere kam später wie eine unerwartete Zugabe hinzu.

Wenn die Arbeit in der Küche begleitet ist von Unwillen und saurer Pflichterfüllung, dann sind natürlich Grenzen gesetzt, ob positive Energie von dort ausstrahlen und zum guten Klima im Haus beitragen kann. Im umgekehrten Fall ist es ein Geschenk für die Familie, wenn sich der Vater oder die Mutter eines Samstagnachmittags die Zeit nehmen, um eine Suppe, einen Kessel Gulasch, ein Seemannslabskaus, ein Ossobuco, ein chinesisches Menü mit fünf Gängen oder eine Hühnersuppe zu kochen. Das ist garantiert besser – auch für die Kinder –, als auf dem Rückweg vom Spielplatz oder Freizeitpark eine zweitklassige Pizza mitzunehmen.

Es lassen sich andere Gründe dafür anführen als der Überfluss an Fett, die leeren Kalorien und die schnell verbrannten Kohlehydrate einer Take-Away-Pizza und den entsprechend niedrigen Nährwert aus dem Plastikland.

In den letzten drei Jahrzehnten ist ein Großteil der Kinder bei uns in Dänemark in pädagogischen Institutionen und vergleichbaren Einrichtungen betreut, beschäftigt, stimuliert und unterrichtet worden. Ohne von all den anderen Vorteilen und Nachteilen reden zu wollen, sind folglich Kinder in wichtigen Bereichen ihres zukünftigen Lebens zum Teil ohne erwachsene Rollenvorbilder aufgewachsen. Die Kindergärtnerinnen, Pädagogen und das andere Personal können für die Kinder zwar hervorragende Vorbilder in Bezug auf z. B. Verantwortung, Sprache und persönliche Integrität sein, aber sie sind ausschließlich wegen der Kinder dort. Sie planen, initiieren und leiten Aktivitäten, die in der Summe den Versuch darstellen, den Kindern in ihren Prämissen und Bedürfnissen entgegenzukommen.

Ich hörte eines Tages in einer Radiosendung, in der der Vater eines vier Jahre alten Jungen berichtete, es sei für den Sohn besser, wenn der Kleine im Winter in den Kindergarten käme, weil er selbst im Haus einige Zimmer neu streichen wolle. Es entsprach dem Tenor der Sendung, dass ihm unterstellt wurde, er wolle sich dem Zusammensein mit dem Sohn entziehen. Ich jedoch glaube, er war leider vollkommen aufrichtig – und leider vollkommen im Irrtum! Für einen Knirps von vier Jahren gibt es nichts Besseres, als dabeizusein, wenn sein Vater das Haus streicht, das Auto wäscht und den Garten umgräbt.

Nur gemeinsam mit den Eltern haben Kinder die Möglichkeit, Erwachsene zu erleben, wie sie Dinge zu Prämissen der Erwachsenen erklären. Einfacher ausgedrückt könnte man es so formulieren: Die Kinder lernen in den Institutionen wie etwa Kindergärten, Kinder zu sein. Aber nur zu Hause können sie lernen, was es bedeutet, erwachsen zu sein. Beide Aspekte sind wichtige Bestandteile einer guten Kindheit.

Im selben Zeitraum hat sich die westeuropäische Kultur dahingehend entwickelt, dass die Bedürfnisse der Kinder ernster genommen werden, als es noch vor vierzig Jahren der Fall war. Vieles liegt noch im Argen und man kann sich darüber wundern, dass die Marketingexperten sehr viel effektiver gewesen sind als die Politiker. Wie dem auch sei, wir haben uns nun eine Generation lang Mühe gegeben, »kinderfreundlich« zu sein, von Charter-Reisen über die leeren Standard-Spielplätze an den Tankstellen bis zum Kinderteller in den Restaurants, die einmal als kinderfreundlich gegolten haben. Doch im Zug dieses opportunistischen Überflusses haben sich auch viele wertvolle Dinge getan.

Von der gleichen Tendenz ist natürlich auch das Denken der Eltern geprägt. Das Ergebnis sieht nicht selten so aus, dass entweder die Bedürfnisse der Kinder permanent im Mittelpunkt stehen oder dass ein Unterschied zwischen Kinderfreundlichkeit und Erwachsenenfreundlichkeit gemacht wird. Leider ist der Begriff »familienfreundlich« gleichbedeutend mit kinderfreundlich. Dadurch wird es schwierig, ein Wort zu finden, das die Situationen und die Aktivitäten umschreiben kann, die genauso wertvoll sind – wenn auch nicht immer für beide Seiten gleich lustorientiert und nicht zuletzt für ihrer beider wechselseitiges Verhältnis. Und somit sind wir wieder bei dem Punkt angelangt, wie wertvoll es für Kinder ist, dass ihre Eltern auch ein Erwachsenenleben *gemeinsam mit ihnen* führen!

Es ist wichtig, dass die Erwachsenen sich Zeit nehmen für ihre Zärtlichkeit, ihre Meinungsverschiedenheiten und ihre Liebe zur Natur oder zum Kräutergarten, für Reparaturen in der Garage, für Fußball im Fernsehen, für ihre Haustiere – und also auch für ihr Interesse und Engagement beim Kochen entweder mit den Kindern oder jeder für sich im Rahmen der häuslichen Möglichkeiten. Erwachsene, die ohne Kinder zusammenleben, kennen das Phänomen sehr gut. Es ist ein Unterschied, ob man einen Abend allein zu Hause verbringt oder ob sich jeder in einem anderen Zimmer mit seiner oder ihrer Aktivität aufhält. Ersteres kann eine Erleichterung oder eine Entbehrung sein, aber Letzteres ist für die meisten angenehm. Es sei denn, wir wären sehr unreif und von uns selbst eingenommen. Ansonsten ist es ein gutes Gefühl, wenn der

Mensch, den wir lieben, sich in einer Sache engagiert, die ihm oder ihr etwas bedeutet. So empfinden es auch Kinder. Es kann sehr wohl kinderfreundlich sein, dass sich die lieben Kleinen eine Erwachsenen-Beschäftigung vornehmen, und man muss sich keine geschickten Strategien ausdenken, um sie einzubeziehen. Sie kommen ganz von sich aus und schnüffeln, fragen, bieten sich an oder gehen wieder, während sie sich wundern, was Erwachsene alles interessant finden können.

Die Zeit in der Küche ist keine Zeit, die man von seinen Kindern stiehlt. Es kann gut sein, dass sie lieber mit dem Vater oder der Mutter spielen oder unterhalten werden wollen. Aber es sind andere Nährstoffe, die sie aus Mangel an Erfahrung nicht kennen, wenn sie nicht mit ihnen einige Jahre gelebt und sie wie durch Osmose in sich aufgenommen haben. Die Kindheit ist die Zeit der Experimente. Wir müssen experimentieren, um gesammelte Erfahrung in Weisheit überzuführen, Erwartung in Lust, und um unsere eigene Identität und eigenen Werte zu entwickeln. Das vorläufige Ergebnis wird erst sichtbar, wenn wir das Elternhaus verlassen haben.

Kinder in der Küche

Ich halte es für sinnvoll, Kinder so früh wie möglich in die Küche mitzunehmen. Setzen Sie sie auf dem Küchentisch in einen Wippstuhl, wenn sie noch ganz klein sind, und später in einen Hochstuhl, der auf einem Schemel steht. Sobald sie selbstständiger geworden sind und sich allein durch unterschiedliche Interessen navigieren können, kann man sie entweder zum Mitmachen einladen oder sie kommen und gehen lassen, wie sie es wollen.

Bereits im Alter von drei Jahren kann es angebracht sein, ihnen einen festen Kochtag mit einem der beiden Elternteile anzubieten. Es gibt vielleicht nicht allzu viele Dreijährige, die andauernd und ernsthaft von den Finessen des Kochens gefesselt sind. Aber ihnen liegt viel daran, mit ihren Eltern zusammen zu sein und zugleich die Möglichkeit geboten zu bekommen, sich als produktives Mitglied der Familie zu fühlen. Oft beschäftigt uns so sehr das, was unsere Kinder *von* uns brauchen, dass wir ihr wichtigstes Bedürfnis vergessen: das Gefühl, *für* uns und für die Gemeinschaft wertvoll zu sein.

Der feste Küchentag kann sich als Brauch etablieren, den man bis zu ihrem Auszug aus dem Elternhaus beibehält, ob sie nun weiterhin mit einem der beiden Elternteile kooperieren oder das Kochen selbst in die Hand nehmen. Andere Familien, andere Sitten. Hat man nur ein Kind, kann man beim Kochen flexibler sein als eine Person, die mit vier Kindern allein ist und dringend jemanden braucht, der sie in der Küche ablöst.

Im Lauf der Zeit, in der jedes einzelne Kind in seiner Familie heranwächst, wird sich herausstellen, worauf es selbst den größten Wert legt: auf das Zusammensein mit den Erwachsenen, auf die Bedeutung für die Bedürfnisse und das Gedeihen der Familie oder auf die kulinarischen Herausforderungen. Vermeiden Sie weitestgehend, es zu einer Pflicht werden zu lassen. Bieten Sie dem Kind jedoch gern ihre Hilfe an, wenn es etwas Unterstützung oder eine Ablösung braucht. In Gemeinschaften jeder Art hat der Spielraum zwischen Freiwilligkeit und Pflicht große Bedeutung. Diese Spanne ist entscheidend sowohl für die Entwicklung des Individuums zum Menschen als auch für die Qualität und das Vermögen der Gemeinschaft. Es sei denn, man geht einer selbstständigen Tätigkeit nach, an der Kinder aller Altersstufen aktiv teilnehmen können. Dann ist die Küche einer der wenigen Schauplätze, der wieder in das Leben der modernen Familien mit Kindern zurückkehrt und ganz konkret und physisch erforscht werden kann.

Die Zubereitung des täglichen Essens ist eine ausgesprochene Erwachsenentätigkeit, weil sie Wissen, Überblick, Planung und Können erfordert. Unter der Voraussetzung, dass der Erwachsene die Arbeit leitet, delegiert und das Kind mit Berücksichtigung seines Alters und seiner Fähigkeiten einbezieht, dauert es ca. zehn Jahre, bis das Kind selbstständig teilnehmen kann. Deshalb halte ich es für wichtig, dass Eltern sich nicht verpflichtet fühlen, diverse pädagogische Projekte gleichzeitig durchzuführen. Es besteht keine Veranlassung, einen Salzteig herzustellen, wenn man Zimtwecken backen will. Das Zusammensein und die Zusammenarbeit mit einem Erwachsenen ist der ultimative pädagogische Prozess! Beide Seiten sollen schließlich entdecken, wann das Kind motorisch dazu in der Lage ist, eine Möhre zu schaben, oder die Körpergröße und den Überblick hat, um in einem Topf zu rühren. Die meisten gesunden Kinder wollen gern manches tun, noch bevor sie dazu in der Lage sind. Deshalb erleben sie einige Niederlagen und Frustrationen. Beschönigen Sie oder überdecken Sie diese Erlebnisse nicht mit fieberhaften, amateurhaften pädagogischen Maßnahmen. Diese Art von Erkenntnissen schwächt nicht das Selbstvertrauen der Kinder, es wird dadurch gestärkt.

Gerade weil das Kochen in seinem Ursprung eine Erwachsenentätigkeit war, ist die Küche auch der geeignete Ort, um sich in der Kunst der Abgrenzung zu üben. Wenn das zweijährige Kind in seinem Hochstuhl sitzt und auf den Boden gestellt werden will und zwar JETZT!, dann müssen der Vater oder die Mutter der Tatsache ins Auge blicken, dass es nicht in diesem Augenblick geschehen kann, weil jetzt Kartoffeln geschält werden oder weil die Backform erst aus dem Ofen geholt werden muss. Es ist keine mangelnde Fürsorge, sondern ein notwendiges Training im Verhalten gegenüber den Realitäten der Gemeinschaft. Und wenn das Kind dann dasitzt mit seinen verständnislosen, tränennassen Augen und einem Gesichtsausdruck, der fragt: »Aber meinst du denn wirklich, es gibt etwas Wichtigeres auf dieser Welt als mich und meine Lust?«, ist das für den Erwachsenen die Gelegenheit, sich in einem liebevollen »Ja, mein Liebling – ab und zu ist es wirklich so!« zu üben. Alles ohne Erklärung, ohne Schuldgefühl, sondern nur als liebevolle Feststellung, dass die Wirklichkeit in ein und demselben Augenblick vollkommen verdrießlich und doch nicht zu ändern ist.

Wie Kinder Zugang zum Kochen finden, unterscheidet sich nicht allzu sehr davon, wie sie ihn zu allen möglichen anderen Dingen finden. Einige Kinder packen von Anfang an mit zu und beteiligen sich liebend gern aktiv. Manche beobachten mehr, sind philosophischer veranlagt und wagen sich erst mit einer Verzögerung von fünf bis zehn Jahren an den praktischen Teil der Arbeit heran. Andere scheinen fast mit einem gut entwickelten Sinn für die Farben, Struktur und Substanz der Produkte geboren zu sein, wogegen andere nur das Zusammensein genießen. Einige sind ununterbrochen von Neugier getrieben und lernen mit den Händen, wogegen andere mit den Augen lernen.

Kinder werden nicht nur mit Unterschieden geboren. Ihr Verhalten wird auch im Zusammenspiel mit uns und unserem Denken und Verhalten geprägt. Als mein Sohn heranwuchs, war ich vor allem damit beschäftigt, mir die Kochtechnik und die Traditionen verschiedener Länder anzueignen. Mein Hauptaugenmerk lag nicht auf der Gemeinschaft und dem Zusammensein in der Küche. Darüber habe ich nicht nachgedacht. So war es einfach. Mein Sohn hielt sich gern in der Küche auf und aß mit großem Genuss fast alles, was ich der Familie zu servieren mir ausdachte. Doch nur selten beteiligte er sich aktiv am praktischen Teil der Arbeit. Erst im Alter von vierzehn Jahren übernahm er, als sei es die natürlichste Sache der Welt, die Zubereitung des Essens, als ich eine Zeit lang auf Reisen war. Er ist in meinen Schreibphasen derjenige, der in unseren eigenen vier Wänden für das Essen zuständig ist. Er ist ein besserer Koch, als ich es jemals sein werde.

In der Küche gilt darum das gleiche Prinzip wie an allen anderen Orten: Übernehmen Sie die Führungsrolle, schaffen Sie den Rahmen, beziehen Sie das Kind ein und gleichen Sie beide Seiten einander an, sobald Sie entdecken, *wie das Kind ist.*

Sollte ein Leser oder eine Leserin sich dazu inspirieren lassen, die Kinder in die Zubereitung des Essens einzubeziehen, ist unbedingt zu beachten, dass man kein größeres Projekt *des Kindes wegen* daraus macht. In dem Maß, wie sich Kinder wohl fühlen, wenn sie in Projekte der Eltern *einbezogen werden,* fühlen sie sich unwohl, wenn sie das Projekt der Eltern *sind!* Wenn Kinder das Projekt der Eltern *sind,* ist es fast die Garantie dafür, dass das Projekt früher oder später scheitert – genauso wie wenn Erwachsene sich gegenseitig zum Projekt machen.

Die Statistik besagt, dass sich ca. 80% aller Unfälle im Haushalt in der Küche ereignen. Das hat bei einigen Eltern so viel Angst und Schrecken ausgelöst, dass sie ihren Kindern das Mitmachen nicht erlauben. Nur keine Panik! Wenn Eltern sich nicht sicher sind, ob sie sich auf ihren gesunden Menschenverstand verlassen sollten und ob sie die Grenzen der Fähigkeiten ihrer Kinder richtig einschätzen, können sie in einer der öffentlichen Bibliotheken in zahlreichen Büchern mit vorbeugenden Maßnahmen nachlesen und Rat finden. Seien Sie vorsichtig *in* der Küche, wenn Sie *mit* Kindern *zusammen* sind.

In den Statistiken wimmelt es von Zahlen darüber, wie gefährlich das Leben auf nahezu allen Gebieten sein kann. Ich bin kein Anhänger des postmodernen Glaubens, Konflikten, Schmerz, Angst und Sorgen könne und müsse vorgebeugt werden. Weite Teile des Lebens entziehen sich unserer Kontrolle. Bisweilen bekommen wir Schläge ins Gesicht und in den Nacken, und im schlimmsten Fall werden wir so vorsichtig, dass das Leben ein Ereignis ist, das nur für die anderen stattfindet.

Fastfood & Junkfood

Eine begrenzte Auswahl an Fastfood weist ausgezeichnete Qualität auf – z. B. Sandwiches aus gutem Brot und mit einem akzeptablen Standard-Belag. Der Rest fällt unter die Kategorie Junkfood, ein Wort, das auf »Abfall« und »Narkotika« verweist – also auf minderwertige Produkte, die zu Abhängigkeit führen. Den Produkten, bei denen ich Hemmungen habe, sie mit der Bezeichnung »Essen« aufzuwerten, ist gemeinsam, dass ihr Nährwert nahezu nicht existent ist, weil sie aus den billigsten Zutaten und ausschließlich mit dem Ziel, Geld zu verdienen, hergestellt werden.

Aber mit der Existenz von Junkfood muss man sich abfinden ebenso wie mit schlechten Büchern, schlechten Kino- und Videofilmen, Ecstasy, Pornografie im Internet und im Fernsehen und all den anderen Dingen, die eine freie und demokratische Gesellschaft eben auch mit sich bringt. Der positive und optimistisch stimmende Aspekt dabei besteht darin, dass es vielleicht mehr denn je Not tut, dass wir Stellung beziehen zu unseren Werten und persönlich die Verantwortung übernehmen, anstatt uns von Reklame, Gruppenzwang und kleinen Plastikfiguren an der Nase herumführen zu lassen. Jedem Einzelnen ist es überlassen, in der unendlichen Masse von Junkfood und Perversion auszuwählen und zu sortieren. Niemand nimmt es uns ab.

Aus unerklärlichen Gründen sind die meisten Kinder verrückt nach Junkfood. Deshalb müssen Eltern Standards und Richtlinien formulieren, deren Einhaltung realistisch ist.

Junkfood in den Schulpausen und drei Tüten Chips am Abend sind ganz eindeutig zu viel des Guten, vor allem mit Blick auf die rein biologischen Bedürfnisse eines Sechs-, Zehn- oder Sechzehnjährigen.

Ich werde mir nicht anmaßen, Vorschriften dafür aufzustellen, was in einer einzelnen Familie angebracht erscheint. Aber im Allgemeinen möchte ich eine Norm vorschlagen, in der Junkfood eine Ausnahme darstellt. Ich glaube nicht, dass man Kindern jedes Mal eine Möhre anbieten kann, wenn sie Chips haben möchten. Aber man enthält seinen Kindern auch nichts Lebenswichtiges vor, wenn man dieses Gebiet mit Restriktionen belegt. Man verletzt nicht ihre persönliche Integrität. Man enthält ihnen keine wichtigen Nährstoffe vor und spielt nicht mit ihren demokratischen Rechten. Man verwaltet einzig seine Macht und seine Verantwortung in einem Umfang, zu dem man stehen kann. Wir sprechen hier nur von den ersten dreizehn bis vierzehn Jahren ihres hoffentlich langen und ereignisreichen Lebens. In diesem Lösungsvorschlag liegt weitaus mehr Würde, als wenn man sein Handeln mit den Worten rechtfertigt: »Aber wenn doch die Kinder es so gern wollen und sie es auch bei ihren Freunden zu Hause sehen.«

Es lassen sich andere Argumente anführen als die rein ernährungsbezogenen, aber lassen Sie mich zunächst Folgendes wiederholen:

- Junkfood besteht zum größten Teil aus Fett, Zucker und schnell verbrannten Kohlehydraten. Letztere haben die Eigenschaft, dass man wie von Zucker nach ca. 20 Minuten einen »Kick« bekommt. Der Blutzuckerspiegel steigt über den normalen Level hinaus und fällt anschließend *unter* das normale Niveau ab. Das führt, um weiter im Bild zu bleiben, zu einer Art manisch-depressiver Energiekurve. Da schließlich niemand die depressiven Auswirkungen zu spüren bekommen will, entsteht eine Abhängigkeit und somit die Lust, den Körper in immer kürzeren Abständen vollzustopfen. Zwar können wir mit Junkfood *überleben*, aber auf die Dauer können wir ein Leben nicht in der Qualität führen, wie es sich die meisten von uns für sich und unsere Kinder wünschen.
- In den vergangenen drei Jahren mussten in Paris, der Stadt der Restaurants, 56 Speiselokale pro Jahr schließen. Diese Betriebe sind im Großen und Ganzen von Fastfood-Ketten übernommen worden. Als Folge befinden wir uns auf bestem Weg, eine alte und lebendige Esskultur zu verlieren. Diese Entwicklung hat nicht weniger schwerwiegende Folgen für die Zulieferer und Einzelhandelsgeschäfte. Genau das Gleiche wird geschehen, wenn dänische Familien nur freitags und samstags selbst ihr Essen kochen. Kein Metzger oder Gemüsehändler von verbürgter Qualität kann davon existieren.

Ohne Zweifel kann es auch ein soziales Bedürfnis nach Junkfood, »es so zu machen wie die anderen«, geben: mit Freunden in einen Burger-Imbiss zu gehen und sich seine Meinung über die neueste exotische Ausgabe von fritiertem Kartoffelmehl bilden zu können. Darum hat es keinen Sinn, in Fanatismus zu verfallen und Verbote aufzustellen, die kein größeres Kind oder junger Mensch mit Respekt vor sich selbst befolgen wird. Eltern müssen eine Balance herstellen zwischen der von ihnen akzeptierten, häuslichen Esskultur und dem sozialen Leben außerhalb der eigenen vier Wände, mit allem was dazugehört. Es wird in vielen Fällen dazu führen, dass den Kindern (um das 12. oder 13. Lebensjahr) ein Zeitraum von ein paar Jahren zugestanden wird, in dem sie jegliches Junkfood in sich hineinstopfen dürfen, das zu kaufen sie sich leisten können – und lassen Sie sie es endlich tun. Wenn sie mit den Normen der Eltern so lange gelebt haben, müssen sie notwendiger Weise andere Möglichkeiten auskosten, um herauszufinden, was sie sich selbst zumuten wollen.

Der besonders große Vorzug bei Eltern, die Verantwortung für sich selbst und ihre eigenen Werte übernehmen, besteht darin, dass die Kinder das Gleiche lernen. Wahrscheinlich wählen sie ganz andere Werte, aber das ist nicht wichtig. Das Wichtigste ist, dass sie dank des Zusammen- und Gegenspiels der Eltern lernen, Verantwortung für sich selbst zu übernehmen, und etwas über sich selbst erfahren.

4. Kapitel
Tischmanieren

Tischmanieren ist ein veralteter Ausdruck für die Spielregeln, die am Tisch gelten. In meiner Kindheit und Jugend herrschten in allen Familien die gleichen grundlegenden Regeln, wobei es in den verschiedenen sozialen Schichten bestimmt auch Unterschiede gab. In meinem Elternhaus durfte man z. B. problemlos sagen, dass man bestimmte Gerichte nicht mochte, wogegen man in etwas feineren Kreisen ein kleines bisschen lügen und behaupten musste, dass man sie leider nicht vertrug.

Die allgemein verbindlichen Normen waren:
- Man isst, was auf dem Teller liegt.
- Man isst den Teller leer.
- Man spricht nicht mit vollen Mund.
- Man hält den Mund, wenn Erwachsene sprechen.
- Man isst erst, wenn man »Guten Appetit« gewünscht hat.
- Man bleibt sitzen, bis alle fertig sind und man »wohl bekomm's« gesagt hat.
- Man bedankt sich artig für das Essen.

Wie so viele Normen jener Zeit wurden auch diese vor ungefähr einer Generation formell abgeschafft. Danach war der einzelnen Familie die Entscheidung überlassen, wie sie es bei Tisch halten wollte. Am Anfang bezogen wir zu den vernünftigen oder relevanten Aspekten der Normen keine Stellung. Das Wichtigste war, den Zwang, die Erniedrigung und die hierarchische Hackordnung aufzuheben, die oft die Stimmung zwischen den Kindern, den ansonsten liebevollen Eltern und dem wohl zubereiteten Essen trübte.

Die gemeinsamen Mahlzeiten in der Familie gehören deshalb zu den vielen Gebieten, bei denen die Eltern verunsichert sind, was sie für das »Richtige« halten sollen. Zum einen wollen sie nicht in die Nähe der Rückgriffe aus vergangenen Zeiten geraten, und zum anderen kümmern sie sich nicht um die Situation, die sich gerade um den häuslichen Esstisch entwickelt.

Was entgegnet man z. B. dem zweieinhalb Jahre alten William, wenn er sichtlich satt und bequem in seinem Hochstuhl sitzt, die Arme in die Luft streckt, um in die Freiheit entlassen zu werden, und sagt: »Will runter und spielen«, ohne dass er sich offenbar vorstellt, seinem Wunsch könnte etwas im Weg stehen. Und wissen wir eine Antwort darauf, haben wir dann auch eine Antwort für die Eltern, wenn die vier Jahre alte Anna sich angewöhnt hat, während der gesamten Mahlzeit zwischen dem Esstisch und dem Fernseher im Wohnzimmer hin und her zu laufen? Oder für die Eltern, die es satt haben, dass ihr 13-jähriger Andreas mit seinem Teller in sein Zimmer verschwindet und mit der Gabel in der einen und der Computer-Maus in der anderen Hand isst?

Lassen Sie mich diese vergleichsweise einfachen Fragen zu der Feststellung nutzen, dass ich nicht glaube, dass es nicht besonders viele allgemeingültige Antworten gibt, die umsetzbar sind und zugleich illustrieren können, wie komplex scheinbar einfache Probleme häufig sein können.

Zunächst erheben sich für alle drei Gruppen von Eltern die generellen Fragen:

- Was wollen die Eltern gern erreichen? Wollen sie in der Familie eine Kultur entwickeln, wo alle sitzen bleiben, bis jeder mit dem Essen fertig ist? Und wenn ja, wollen sie es zur Regel machen, nach der man sich einfach nur richtet, oder wollen sie, dass es die Kinder tun, weil es höflich und sinnvoll ist, am Tisch sitzen zu bleiben?
- Gelten dieselben Normen für die Erwachsenen? Auch wenn das Telefon klingelt oder wenn der Vater zu spät zum Tennis kommt oder zu einer Besprechung oder einer Fernsehsendung?
- Darf man den Tisch verlassen, wenn man um Erlaubnis fragt?

- Wie sehen die Kriterien aus, um die Erlaubnis zu bekommen? Und wird ein Unterschied gemacht, ob man drei oder dreizehn Jahre alt ist?
- Was passiert, wenn man einfach keinen Hunger hat?

Ich halte es für sinnvoll, über seine Antworten auf diese Fragen nachzudenken und sie mit dem Partner und den Kindern zu diskutieren. Hingegen halte ich es für nicht besonders klug, sie alle auf einmal zu beantworten oder sich in allen Punkten *vollkommen* einig zu sein – ganz zu schweigen davon, dass man sich an die Antworten erinnern könnte, es sei denn, man wollte sein Familienleben mit Hilfe von einer Art öffentlichem Merkblatt anleiten. Wenn Dinge allzu sehr ins Detail gehen, verlieren sie die Seele, und dabei geht dann auch die Gemeinschaft flöten.

Von einer längeren Reise kam ich nach Hause, und nachdem mein damals zwölf Jahre alter Sohn blitzschnell gegessen hatte, stand er vom Tisch auf und verkündete, dass er in sein Zimmer gehe. Ich hatte mich auf das Zusammensein mit ihm gefreut und fragte ihn, ob er nicht noch eine Weile sitzen bleiben könne. »Warum denn?«, wollte er wissen. »Weil ich dich gern sehen möchte«, antwortete ich. »Okay«, erwiderte er und setzte sich mit einem ironischen Funkeln in den Augen und das Kinn in die Hände gestützt wieder hin und schaute mir unverwandt ins Gesicht. Als er eine Zeit lang so dagesessen hatte, fragte er: »Hast du genug gesehen?« »Nein«, gab ich wahrheitsgemäß zur Antwort, »aber schwirr ruhig ab!« Ich bekam nicht, was ich gern gehabt hätte. Aber ich bekam, was ich am nötigsten brauchte: einen eindeutigen Eindruck, dass unsere Beziehung in Ordnung war, dass ich zu Hause wieder willkommen war und dass es ihm gut ging.

Die beste Antwort, die ich Williams Eltern geben kann, lautet: »Gut, setzen Sie ihn auf den Boden und lassen Sie ihn spielen, auch wenn Sie am liebsten die Familie um den Tisch versammelt sehen. So kommt kein Frust, kein Konflikt, keine Missstimmung auf. Er ist doch nur ein Kind, das sich satt gegessen hat und mit dem Essen und der Gemeinschaft zufrieden ist und jetzt das Leben weiter erforschen will. Diese Lebenslust und Energie ist nicht unbedingt weniger wichtig für die Atmosphäre und die Gemeinschaft, als seine Lust, still zu sitzen, es gewesen wäre.«

So ist es mit dem Rhythmus der Gemeinschaft. Er schwingt zwischen Zusammensein und Trennung hin und her. Wenn das Bedürfnis nach Zusammensein gesättigt ist, steht es uns frei, uns von den anderen zu trennen. Aber man hätte im Zimmer fast anwesend sein müssen, um festzustellen, ob sich die Sache auch tatsächlich so verhielt. Deshalb ist es wichtiger, wie die Eltern die Situation selbst erleben, als alle Prinzipien und Regeln der Welt. Es ist allein ihnen überlassen, welche Schlussfolgerung sie daraus ziehen. Die gleiche gute Stimmung, die sie dazu bewegt, ihn laufen zu lassen, könnte ebenso gut dazu genutzt werden, ihn zum Sitzenbleiben zu bewegen. Es sind auf beiden Seiten die haarfeinen Nuancen im Erleben der Situation, die den Ausgangspunkt für die Handlung bilden. Der gleichaltrige Nachbarsjunge blieb vielleicht an dem Tag während der ganzen Mahlzeit am Tisch sitzen, weil die Stimmung zwischen den Eltern so gespannt war, dass er sich nicht traute aufzustehen, aus Angst, dass dann womöglich etwas Schlimmes geschehen mochte.

Den Eltern der 4-jährigen Anna würde ich vielleicht sagen: »Es hört sich so an, als hätten Sie zugelassen, dass es zur Gewohnheit wird. Eine Angewohnheit, die in Ihren Augen anscheinend schlecht ist. Ich finde, Sie sollten dem ein Ende machen. Reden Sie mit ihr zu einem Zeitpunkt darüber, wo der Kontakt gut ist (und zwar nicht während der Mahlzeit) und sagen Sie Folgendes: ›Hör mal, Anna! Es ist uns langsam unangenehm, dass du nicht mit uns am Tisch sitzt und isst. Am Anfang machte es nicht so viel aus, aber jetzt möchten wir gern, dass du mit dem Hin- und Herlaufen aufhörst. Was meinst du dazu?‹ Wenn Anna antwortet: ›Warum soll ich damit aufhören?‹, ist die Antwort: ›Weil wir gern möchten, dass wir alle drei zusammen essen. Das finden wir am schönsten.‹ Sollte darauf noch ein ›Aber warum denn?‹ folgen, besteht kein Grund, die Frage zu wiederholen oder sich auf eine Diskussion einzulassen. Die Vorstellung eines vier Jahre alten Kindes von der Zukunft umfasst nicht einmal einen ganzen Tag. Darum muss sie daran erinnert werden, wenn Sie sich beim nächsten Mal an den Tisch setzen. Da es aber nun zu einer Angewohnheit geworden ist, die sie im Lauf eines Jahres entwickelt hat, müssen Sie damit rechnen, dass es mindestens eine Woche lang dauert, bis sie sie ablegt. Bis dahin müssen Sie Ihre Forderung wiederholen und sie wenn nötig, zurück an den Tisch holen. Aber vergessen Sie nicht, es in einem freundlichen Ton zu sagen, so dass Sie keinen ganz neuen Grund schaffen, sich dem Zusammensein mit Ihnen zu entziehen.«

Sollten sich Annas Eltern Gedanken machen, ob sie ihre Tochter jetzt einem Übergriff aussetzen, würde die Antwort lauten, dass ihr Hin- und Herlaufen zwischen Essen und Fernsehen mit großer Sicherheit nicht Ausdruck für ein zentrales Bedürfnis ist. Sie hat hingegen ein zentrales Bedürfnis nach Eltern, die sich nicht in die Defensive gedrängt sehen und in der Lage sind, den Standard zu setzen und den Ton anzuschlagen, die ihrer Ansicht nach für die Familie am besten sind.

Schwieriger ist es, Andreas' Eltern einen Rat zu geben, weil so viele unbekannte Faktoren mitwirken. Wie lange geht es schon so? Wie hat es angefangen? Wie reagierten die Eltern darauf? Mit Beschwerden, Appellen, Kritik, Nachdruck, mit aller Macht, weinerlich? Wie ist die Stimmung in der Familie? Haben sich die Mahlzeiten zu einem Dampfkochtopf der unterdrückten Konflikte entwickelt? Hat es einen Sinn für die Erwachsenen, beisammen zu sitzen? Worüber unterhalten sie sich? Wie äußert sich ihr Interesse für den Sohn? In Form einer endlosen Reihe von Fragen? Eines Verhörs? Behutsamer Andeutungen?

Der weitere Verlauf hängt in hohem Maß von den Antworten auf diese Fragen ab. Doch unter allen Umständen wäre es sinnvoll, ein Familientreffen einzuberufen, bei dem die Eltern so sachlich und persönlich wie möglich die Karten auf den Tisch legen: »Andreas, wir sind etwas verletzt, dass du nicht mehr mit uns essen willst. Uns ist vollkommen klar, dass du ganz versessen darauf bist, an deinem Computer zu arbeiten. Aber wir haben den Eindruck, du machst es, weil dir nicht viel daran liegt, mit uns zusammen zu sitzen. Wir können uns gut vorstellen, es anders zu regeln. Deshalb ist es für uns wichtig, deine Meinung zu hören.«

Wenn sich ein gutes Gespräch daraus entwickelt, bei dem beide Seiten frisch von der Leber weg reden, wird sich die Situation mit der Zeit verändern. Wenn das nicht der Fall ist, muss man es von neuem versuchen und überlegen, ob man Hilfe von außen hinzuzieht. Letzteres ist eine nahe liegende Möglichkeit, wenn der Mangel an Kontakt sich auch außerhalb der Mahlzeiten bemerkbar macht. Jugendliche im Alter von dreizehn Jahren sind sehr mit ihrer Selbstständigkeit und ihrem Privatleben beschäftigt. Aber selbst wenn sie ihre Eltern ignorieren, leiden sie ebenso wie die Erwachsenen unter dem fehlenden Kontakt. Zugleich sind sie meistens furchtlos genug, dass sie nicht bereit sind, allein um des lieben Friedens willen konventionelle Spielregeln einzuhalten.

Der Wunsch der Eltern aus früheren Generationen, dass die Kinder »Danke fürs Essen« sagen, hatte nicht viel mit Psychologie zu tun. In den guten alten Zeiten war es nur eine Regel, die Kinder befolgen sollten. Wenn sie es vergaßen, wurden sie umgehend daran erinnert. Viele moderne Eltern scheuen davor zurück, ihre Kinder zum Erlernen dieser automatischen Höflichkeitsfloskeln zu zwingen.

Ich weiß nicht, ob unsere fernen Vorfahren den Göttern für das Essen dankten; es ist vor allem eine alte, christliche Tradition, unserem Herrn für das tägliche Brot zu danken. Es ist eine schöne und sinnvolle Sitte, die aus einer Zeit stammt, als es nicht selbstverständlich war, dass man genug zu essen hatte, so wie heute für die meisten von uns in den reichen Erdteilen. Als altgedienter Hausmann muss ich zugeben, ich habe immer Wert darauf gelegt, dass Familie und Freunde sich für das Essen bedankten, nachdem sie gegessen hatten. Nicht weil ich finde, sie sollten dankbar sein für meinen Einsatz in der Küche oder weil ich nicht selbst erkennen könnte, ob ihnen das Gericht geschmeckt hat. Mir tut einfach die Anerkennung gut, die in der Tradition zum Ausdruck kommt.

Kinder von heute sind den Erwachsenen von heute zum Verwechseln ähnlich. Vor einigen Konventionen und Autoritäten sind sie bereit, sich zu beugen. Auf der anderen Seite kooperieren Kinder dahingehend, dass sie die Erwachsenen nachahmen. Wenn das »Danke fürs Essen« der Eltern eine leere Worthülse ist, haben die meisten Kinder genug Qualitätssinn, um auf diese Floskel zu verzichten. Sehen es die Eltern gern, dass Erwachsene wie Kinder sich für das Essen bedanken, dann brauchen sie nichts anderes zu tun, als es selbst zu sagen – und es auch zu meinen! So werden die Kinder ganz von sich aus anfangen, das Gleiche zu tun, sowohl zu Hause als auch woanders. Oft beginnen sie tatsächlich damit, wenn sie allein an einem anderen Familientisch essen.

Kinder haben den Kopf meistens voll von so vielen anderen spannenden und verwirrenden Dingen, dass es leicht vorkommen kann, dass sie es vergessen. Haben die Eltern das Gefühl, es entwickelt sich bei den Kindern zur Gewohnheit, sich nicht für das Essen zu bedanken, dann ist es angebracht zu sagen: »Hör mal, ich fände es schön, wenn du dich fürs Essen bedankst, bevor du vom Tisch aufstehst!« Nicht als ein Befehl oder eine Zurechtweisung, sondern einfach als einen wichtigen, persönlichen Wunsch.

Es kann vorkommen, dass vor allem größere Kinder – vom Schuleintritt an aufwärts – sich weigern, Wünsche der Eltern zu erfüllen. Das ist in der Regel Ausdruck dafür, dass es einige ganz andere Seiten in der Kultur der Familie gibt, mit denen sie sich nicht wohl fühlen.

Soll man Kindern beibringen, den Teller leer zu essen? Die Antwort hängt wieder mehr von den Werten der Eltern ab als von der einen oder anderen Regel. Im Allgemeinen würde ich sagen, es ist angebracht, den Kindern Respekt vor dem Essen beizubringen. Es besteht im Großen und Ganzen kein wichtiges demokratisches Recht darin, dass Essen Geld kostet oder dass andere vielleicht das essen können, was man sich selbst nicht leisten kann. Deshalb halte ich es für sinnvoll, dass Kinder mit der Zeit lernen, sich nicht mehr auf den Teller zu laden, als sie tatsächlich essen werden.

Der Satz »Iss deinen Teller leer!« ist gleichzusetzen mit der Drohung, dass die Kinder keinen Nachtisch bekommen, wenn sie dieses oder jenes nicht tun. Ist den Eltern daran gelegen, dass die Kinder ein zivilisiertes und vernünftiges Verhältnis zum Essen entwickeln, dann sind sie schlecht beraten, wenn sie das Essen als Drohung, Strafe oder Lockmittel einsetzen. Auf kurze Sicht mag es problemlos funktionieren, doch auf lange Sicht kann man sicher damit rechnen, dass die Kinder anfangen, ihr Verhältnis zum Essen in einer Weise zu benutzen, die die Eltern provoziert oder bestraft.

Der tiefere Sinn liegt darin, dass die Eltern den Grundtenor vorgeben müssen, weniger in Form von Instruktionen oder Regeln, sondern indem sie mit gutem Beispiel vorangehen. Besonders bei gemeinsamen Mahlzeiten kommt unser eigenes nicht sachbezogenes Verhalten auf ganz anderen Gebieten und zu ganz anderen Zeiten wie ein Bumerang zu uns zurück. In der modernen Familie, in der Respekt vor dem Einzelnen große Priorität genießt, erreicht man nichts, wenn man über gute Tischmanieren bei den Mahlzeiten doziert. Der respektvolle Umgang miteinander sollte sich wie ein roter Faden durch alle Formen des Zusammenseins ziehen, damit es im Einzelfall funktionieren kann. Da macht es dann keinen großen Unterschied, ob sich das Kind morgens anziehen soll, zum Kindergarten gebracht oder von dort abgeholt wird, ob man es zum Hausaufgabenmachen ermuntert, ob ihm erklärt wird, warum es kein Handy bekommt oder ordentlich am Tisch sitzen soll.

Einst gestaltete sich das Leben um die Mahlzeiten viel einfacher. Die Erwachsenen wussten, was richtig war, und danach hatten sich die Kinder zu richten, und damit basta! Damals bestand die wichtigste Aufgabe der Kinder darin, sich anzupassen, und der Auftrag der Erwachsenen bestand darin, sie dazu zu veranlassen. Für Kinder war es oft ein schmerzliches, unverständliches und widersprüchliches Fahrwasser, in dem sie zu manövrieren hatten. Die Erwachsenen forderten Respekt und erzwangen ihn, indem sie die Kinder respektlos behandelten. Die Kinder mussten sich anständig und höflich ausdrücken, während die Erwachsenen kritisieren, ausschelten, demütigen, fluchen und drohen durften.

Nach meiner Erfahrung zeigen einige Eltern von Kleinkindern etwas zu wenig Geduld, wenn die Kinder lernen sollen, auf dem Stuhl »anständig zu sitzen« und nicht mit dem Essen zu »spielen« und dergleichen mehr und deshalb drohen, dem Kind das Essen oder den Platz am Tisch bei der Mahlzeit zu verweigern, die den Konflikt auslöst. »Wir haben es doch schon so oft gesagt!«, berichten sie. Kinder unter vier oder fünf Jahren müssen diese Worte viele Male hören, ehe es zu einem natürlichen Bestandteil ihres Verhaltens wird. Man kann Kinder so weit trainieren, dass sie beim Anblick eines erhobenen Zeigefingers, einer tief gerunzelten Stirn, eines wütenden Blickes gehorchen oder wenn sie hören, dass der Vater sich räuspert oder die Mutter »Pfui!« sagt. Es ist zu bezweifeln, ob man einerseits auf lange Sicht so die Anzahl von Konflikten um das Essen und die Mahlzeiten reduziert und ob die Eltern sich andererseits wirklich Kinder wünschen, die gehorchen, an Stelle von Kindern, die mit ihnen kooperieren.

Heute wissen wir mehr über Kinder und sehen vieles in einem anderen Licht. Deshalb kann es sinnvoll sein, zu skizzieren, was wir »Tischmanieren für Eltern« nennen können.

Tischmanieren für Eltern

- Sind sich die Eltern nicht einig, inwieweit sie ins Verhalten des Kindes eingreifen sollen oder in welcher Form dies geschehen soll, ist es nicht angebracht, darüber bei den Mahlzeiten zu streiten. Die Stimmung wird getrübt, und das Kind gerät zwischen die Fronten der Eltern oder fühlt sich vollkommen ausgeschlossen. Diskutieren Sie das Problem zu einem späteren Zeitpunkt, wenn der Konflikt und die daran beteiligten Parteien sich ein wenig beruhigt haben.

- »Erziehung« in Form von Kritik, Korrektur, Lächerlichmachen, Anpöbeln und belehrenden Vorträgen – besonders gegen das Betragen des Kindes bei den Mahlzeiten gerichtet – sind nicht angebracht. All diese Maßnahmen wirken sich auf die wichtigsten Elemente der Mahlzeit störend aus: auf Ernährung, Genuss und Gemeinschaft und mindern die Lust beider Seiten am Zusammensein. Persönliche Wünsche und ernste Gespräche sind wichtige Aspekte der Gemeinschaft und darum zu begrüßen.

- Starren Sie die Kinder nicht an und verfolgen Sie nicht alle ihre Bewegungen und Unternehmungen. Das ist unangenehm (auch für Erwachsene) und man verliert den Appetit. Das trifft auch auf liebevolle Beobachtung und Kontrolle zu. Der Kinderstuhl ist einer von mehreren Stühlen am Tisch – kein Thron.
- Eltern können so sehr in der Sorge um die Gesundheit aufgehen, dass die Stimmung ungesund wird.
- Trinken Sie nur wenig Alkohol. Betrunkene Erwachsene verunsichern die Kinder und machen ihnen Angst.

Ein Rat zu den Rahmenbedingungen: Schalten Sie den Fernseher ab, schalten Sie die Musik und das Mobiltelefon aus. Wir Menschen sind mit der Fähigkeit ausgestattet, dass wir uns antrainieren können, unsere Aufmerksamkeit auf viele unterschiedliche Dinge zur gleichen Zeit verteilen – zu dem Preis, dass andere mit uns nicht in Kontakt treten können, wenn wir dies tun.

Oder anders ausgedrückt: Eltern haben schon halb das angestrebte Ziel erreicht. Sie müssen sich nur ordentlich benehmen!

Die Kultur der Familie

Die Geräuschkulisse klingt in jeder Familie anders, wenn sie sich um den Esstisch versammelt hat. Bei einigen hört es sich an wie auf einem orientalischen Basar, wo die Ausrufer versuchen, einander zu übertönen. Andere klingen manchmal so, wenn das Energie- und Erlebnisniveau hoch ist. Bei wiederum anderen Familien geht es leiser zu. Man führt Gespräche, und niemand fällt dem anderen ins Wort. In einigen Familien sitzen die aktuellen und verborgenen Konflikte mit am Tisch – entweder vorn am Tisch oder versteckt darunter. In anderen Familien bringen die Erwachsenen regelmäßig den bevorstehenden oder gerade überstandenen Arbeitstag zur Sprache und nutzen die Zeit, um einander auf dem Laufenden zu halten. In manchen Familien wird meistens über das Essen geredet, während man in anderen lieber über alle möglichen anderen Themen spricht. Die Kultur entwickelt sich in jeder Familie wieder anders, und die Persönlichkeit, das Temperament und das Verhältnis der Kinder untereinander ist bei dieser Entwicklung ein wichtiger Faktor. Unsere »Traumfamilie« und »Fantasie-Mahlzeiten« müssen korrigiert werden, je nachdem, wie die Rollen verteilt sind. Eine Familie mit einem Kind hat selbstverständlich eine andere Kultur als eine Familie mit fünf Kindern.

Die Kultur schließt auch Dinge wie das Tischdecken und -abräumen und das Geschirrspülen ein. In einigen Familien läuft es im Wechsel nach einem festen Plan, und in anderen hilft man sich einfach gegenseitig. Alle Kleinkinder (ab ungefähr dem zweiten Lebensjahr) bieten begeistert ihre Hilfe an. Aber wenn sie etwas älter geworden sind, haben sie oft wichtigere Dinge im Kopf. Aus diesem Grund kann es ratsam sein, den Brauch einzuführen, dass jeder seinen eigenen Teller hinausträgt oder ein Familienmitglied an einem bestimmten Tag den Tisch deckt und für alle anderen abräumt. Viele etwas ältere Kinder halten diese Mithilfe für eine Verschwendung ihrer kostbaren Zeit. Nicht, weil sie mit zunehmendem Alter weniger hilfsbereit würden, sondern sie denken nur anders. Wenn man sie nur Teller und Besteck mit dem Ausdruck vollkommener Arroganz oder Langeweile hinstellen und wegbringen lässt, dann werden sie ungern mithelfen. Der nahezu schlimmste Fehler, den Eltern begehen können, besteht darin, ein Gleichheitszeichen zwischen den Aufgaben/Pflichten der Kinder und ihrer Liebe zu den Eltern oder der Fürsorge für die Gemeinschaft zu setzen. Probieren Sie einmal Vergleichbares in einer Paarbeziehung aus und Sie werden feststellen, dass es schief geht.

Machen sich Eltern in regelmäßigen Abständen Sorgen, ob ihr Kind sich gerade zu einem unsozialen, passiven Empfänger von

Service-Leistungen entwickelt, könnten sie eventuell ein wenig darüber nachdenken, wie das Kind ihr Leben in den neun Jahren bereichert hat, seit es ein Mitglied der Familie ist, und in welchem Umfang sie daran gedacht haben, dass sie Wert darauf legen.

Das Verhalten von Kindern, das intelligente Wundern und die verständnislosen Proteste stellen die Zweckmäßigkeit an der Kultur der Familie manchmal in Frage. In einigen Situationen geschieht es mit so viel Nachdruck, dass man sie zu ändern gezwungen ist. Und in anderen Fällen müssen sich die Erwachsenen einfach das Recht vorbehalten, »wunderlich« zu sein. Für alle Beteiligten ist es besser, wenn Eltern zu ihren Normen und Werten stehen und nicht nur um des lieben Friedens oder der Beliebtheit willen ihr Fähnchen nach dem Wind hängen.

Die Familie im Restaurant

Einige Jahre lang hat eine Diskrepanz bestanden zwischen der etwas altmodischen Forderung, Kinder sollten im Restaurant still sitzen, leise sprechen und so gut wie unsichtbar sein, und der Lust vieler moderner Eltern, dieser Forderung zu trotzen und auf dem Recht der Kinder auf freie Entfaltung zu bestehen. Glauben Sie nicht auch, wir haben allmählich die nötige Reife erreicht, um die Sache etwas differenzierter betrachten zu können?

Das Restaurant besuchen Gäste aus sehr unterschiedlichen Motiven. Einige wollen in aller Eile etwas essen. Andere sind gekommen, um einen Gedenktag zu feiern. Wieder andere treffen sich zum ersten Rendezvous. Manche sind dort, um die Fähigkeiten des Kochs zu testen, oder andere, um zusammen zu sein; andere um allein zu sein; wieder andere, weil sie keine Zeit zum Einkaufen haben. Und manche haben gespart und sich wochenlang auf den Restaurantbesuch gefreut.

Die meisten Gäste kommen wegen des Essens, des Partners und des ganz besonders privaten und intimen Rahmens, den wir paradoxer Weise in so öffentlichen Räumen zu schaffen im Stande sind. Obwohl unbestritten ein großer Unterschied zwischen einem raschen Imbiss in einer Autobahnraststätte und einem Geburtstagsdiner im Lieblingsrestaurant besteht, lassen sich gute Gründe anführen, die Bedürfnisse der übrigen Gäste zu respektieren und dies seinen Kindern beizubringen.

Sehen wir einmal von den reinen Profitgeschäften ab, wo sich alles darum dreht, so viele Gäste wie möglich mit Hilfe ganz- oder halbfertiger Gerichte, wieder verwendetem Fritierfett und billigen, fachunkundigen Arbeitskräften abzufüttern, besteht meiner Ansicht nach auch Grund, den Kindern ein gewisses Maß an Sensibilität und Respekt gegenüber der Bedienung und den Mitarbeitern beizubringen. Qualität fordert Gegenseitigkeit und Dialog.

Die erzieherische Herausforderung unterscheidet sich nicht allzu sehr von derjenigen, der wir zu Hause, in der Familie, im Kindergarten, der Schule und bei Freunden begegnen: Wenn du Hummeln im Hintern hast, keinen großen Hunger hast oder dich über das unverständliche Gerede der Erwachsenen ärgerst, wie kannst du dann deine eigenen Bedürfnisse durchsetzen, ohne andere zu belästigen?

Sollten Restaurants zusätzlich mit Spielzimmern, Rutschbahnen im Garten und einem speziellen Kindermenü aufwarten, um als so genannt »kinderfreundlich« zu gelten? Meiner Meinung nach nicht. Meiner Erfahrung nach servieren Gaststätten, die all dies zu bieten haben, minderwertige Gerichte, die weder kinder- noch menschenfreundlich sind.

Restaurants sind ein vortrefflicher Ort, um seinen Kindern die Prinzipien eines gleichwertigen Dialogs und Verhandelns beizubringen. Hier einige der Möglichkeiten:

- Fragen Sie die Bedienung, ob es möglich sei, eine halbe Portion zum halben Preis zu bekommen. Es ist für den Restaurantbesitzer zwar auf kurze Sicht kein besonders gutes Geschäft, aber echte Profis haben auch ein Interesse an den Kunden von morgen.
- Wenn nichts auf der Speisekarte steht, das dem Kind schmeckt, ist es angebracht, sich mit dem Koch oder der Bedienung zu

beraten. Was isst das Kind besonders gern? Fisch, Hühnchen, Krabben oder etwas ganz anderes? Was ist in der Küche vorrätig und was ließe sich nach deren Ansicht daraus kochen? Die Eltern können diesen Dialog das erste Mal führen, und anschließend kann man dieses Gespräch getrost den beiden Experten überlassen: dem Kind und dem Koch. Guten Köchen ist am Wohlbefinden ihrer Gäste gelegen, und sie sind in der Lage, ihre eigenen handwerklichen Standards mit den Wünschen der Gäste zu vereinbaren. Es gilt auch, wenn es nicht nur um Allergien oder um die Bitte nach z. B. besonders fettarmem Essen geht.

- Eltern können auch ihre eigenen Standards setzen. Hat das Kind eine Schwäche für die traditionell »kinderfreundlichen« Gerichte wie Pommes frites mit den diversen verendeten Tiefkühlprodukten, kann man wunderbar die Feststellung anbringen: »Da mache ich nicht mit. Ich bezahle nicht für etwas, das sein Geld nicht wert ist und wovon du nichts hast!« Ein Kind braucht höchstens zwei, drei Situationen, bis es kooperiert, und die Eltern können sich – sollten sie von Schuldgefühlen überwältigt werden – in Erinnerung rufen, dass das Kind nach Ablauf der ersten 14 bis 15 Jahre für den Rest des Lebens genau das essen kann, was ihm gefällt. Aber bleiben Sie freundlich! Kinder sind nicht darauf aus, die Prinzipien ihrer Eltern zu sabotieren. Sie sind lediglich im Begriff, sie als eine notwendige Basis für das spätere Leben kennen zu lernen, um ihre eigenen Prinzipien formulieren zu können.

- Stellen Eltern fest, die Kinder fangen an, unruhig auf dem Stuhl hin und her zu rutschen, nachdem sie zu Ende gegessen haben, können Sie den Ereignissen zuvorkommen, indem Sie die Initiative ergreifen: »Ich merke, dass ihr euch jetzt langweilt. Wir wollen hier noch etwas sitzen bleiben und uns unterhalten. Was machen wir also in der Zwischenzeit mit euch?« Wenn Kinder auf diese Art ganz unmittelbar erfahren, dass an ihrer Ungeduld nichts Falsches oder Illoyales ist und ihr Wohlbefinden den Eltern am Herzen liegt, nimmt ihr Drang nach Aktivität nur in seltenen Fällen destruktive Formen an.

Es kann angebracht sein, den Kindern die Möglichkeit zu geben, die Spielregeln im vertrauten Rahmen kennen zu lernen und ihnen den ersten Umgang damit im gleichen gewohnten Umfeld zu ermöglichen. Die Pizzeria vor Ort, die Kneipe im Dorf oder in welche Gaststätte man auch immer hin und wieder einkehrt, ohne dass es den Geldbeutel sprengt, sind Gelegenheiten dazu.

Hat man diese grundlegende Einführung ins Essengehen gut überstanden und haben die Kinder ein Alter von sechs bis sieben Jahre erreicht, ist es vielleicht keine schlechte Idee, mit ihnen »vornehm essen« zu gehen. Einmal im Jahr oder mehr, ehe sie ins Konfirmationsalter kommen, abhängig davon, was der Geldbeutel erlaubt. Dabei wird der gleiche Zweck verfolgt wie beim gemeinsamen Besuch eines Länderspiels im Stadion, des Theaters, einer Kunstausstellung oder der Demonstration der besten Angelrute zum Fliegenfischen: ihre Sinne dem Sublimen auszusetzen, damit sie für immer einen Standard in sich tragen, der ihren übrigen Erlebnissen eine Richtung geben kann.

In der Regel sind es zwei Situationen, die Kinder innerlich so sehr durcheinander bringen können, dass auch sie ihrerseits Verwirrung und Chaos stiften. Entweder legen die Erwachsenen (Eltern und/oder das Personal) ihnen gegenüber ein negatives, kritisches oder gleichgültiges Verhalten an den Tag mit der Folge, dass sie den Fehler bei sich suchen. Dann verkriechen sich selbst die gesündesten Kinder in ein Mauseloch, und sie bringen ihr Unbehagen ganz demonstrativ zum Ausdruck. Oder aber Kinder sind so sehr gewöhnt, ihre Wünsche erfüllt zu bekommen, dass sie sich einfach nicht damit abfinden können, eine Situation zu erleben, in der sie nur ein Teil des Ganzen sind. In beiden Fällen müssen die Erwachsenen etwas lernen: Es ist zwecklos, die Kinder hier umzuerziehen – vor allem mitten im Chaos.

5. Kapitel
Konflikte und Probleme

Einleitung

Das Temperament und Naturell von Kleinkindern macht sich in den Familien schnell bemerkbar und das nicht zuletzt beim Essen. Einige haben einen Appetit auf das Leben und verfügen über eine Energie, die leicht für zwei, drei Kinder ausreichen würde, und erscheinen zu allen Mahlzeiten in guter Laune und mit einem Bärenhunger. Andere gehen das Ganze gelassen an und legen zwischen den Mahlzeiten ein Nickerchen ein. Häufig beobachten wir, dass Kinder zum Essen und zu den Mahlzeiten das gleiche Verhalten an den Tag legen wie gegenüber vielen anderen Dingen. Somit ist ihr Verhalten bloß eine von vielen Ausdrucksformen dessen, *wer* sie sind. Den ersten Mahlzeiten liegt keine besonders komplizierte Psychologie zu Grunde. Sie gehören einfach zu den vielen Situationen, die den Eltern die Möglichkeit bieten zu lernen, wer das neue Familienmitglied ist, und bei denen das Kind erste Eindrücke sammelt, wer die Eltern sind.

Von nicht zu unterschätzender Bedeutung bei diesen Begegnungen zwischen Kindern und Eltern sind die Träume, Vorstellungen und Erwartungen der Eltern. Ferner sind die Gefühle der Mutter von großer Wichtigkeit, die sich im Zusammenspiel mit dem Kind entwickeln.

Die Träume, Vorstellungen und Erwartungen entspringen vielen Quellen: den Gesprächen der Eltern und den Versuchen, sich den Eintritt des Kindes in die Familie vorzustellen. Sie kommen auch von den Hebammen, der Familie und den Freunden, den Zeitschriften, Zeitungen und Büchern usw. Einige sind bewusste und die meisten sind unbewusste Prägungen durch Informationen und Erlebnisse aus dem Leben der Eltern und der Kultur, in der sie aufgewachsen sind. Eigentlich spielt es keine allzu große Rolle, ob die ersten Erwartungen der Eltern durch ihre eigenen problematischen Erlebnisse geprägt sind, die bei ihrer eigenen Geburt vorherrschten. Ebenso nebensächlich ist das klassische Bild von der stillenden Mutter, mit allem was es an Nähe, Intimität und Harmonie ausstrahlt, das die Erwartungen an die Mahlzeiten der ersten Monate beeinflusst. Wichtig ist, dass die Eltern sich im Klaren sind, dass sie Träume, Vorstellungen und Erwartungen an die Situation knüpfen und dass das Kind diese vom ersten Augenblick an auch registriert und wahrnimmt, obwohl es nicht unbedingt in der Lage ist, sie zu erfüllen. Als notwendige Voraussetzung sollten die Eltern in der Lage sein, ihr eigenes Verhalten zu korrigieren, wenn Missstimmung aufkommt.

Träume und Erwartungen spielen eine zentrale Rolle in allen Formen von Gemeinschaft unter Menschen. Es gilt nicht zuletzt für jene, die auf gegenseitiger Liebe basieren. Wir selbst wie auch unsere Mitmenschen entsprechen nur selten den Vorstellungen, die andere sich gemacht haben. Und die Gemeinschaft entwickelt sich meistens ganz anders als wir es uns erträumt oder gedacht haben. Schuld daran sind weder die anderen noch unsere Träume und Erwartungen. So ist es einfach, und dem Konflikt zwischen Traum und Wirklichkeit kann man nicht vorbeugen, ganz gleich mit wie viel Pragmatismus oder »Realitätssinn« man vorzugehen versucht. Man kann höchstens die Träume gegen Illusionen eintauschen.

In einigen Familien tritt die Konfrontation zwischen Traum und Wirklichkeit plötzlich auf. Sie nimmt dramatische Formen an, wenn sich herausstellt, dass das neue Kind mit einer Behinderung oder einer ernsten Krankheit geboren wurde, oder wenn sich das Adoptivkind als stärker traumatisiert erweist, als aus den Papieren und Fotos unmittelbar zu erkennen war. Betroffene Eltern müssen nicht nur den Verlust des »Traumkindes« verarbeiten, sondern in der Situation bekommen ihre Gefühle eine größere Bedeutung hinsichtlich ihres Verhältnisses zum Kind und des Eindrucks, den das Kind von sich selbst gewinnt.

Gleiches gilt für viel weniger einschneidende Erkenntnisse. Was geht in der Mutter vor, wenn sie feststellt, dass sie nicht genug Milch hat, um die Bedürfnisse des Kindes zu befriedigen? Wie wirken sich ihre Gefühle auf das Zusammenspiel mit dem Kind aus? Was geht in der Mutter vor, die aus sozialen Gründen viel früher mit dem Stillen ihres Kindes aufhören muss als sie eigentlich wollte? Wie wirkt es sich in Zukunft auf die Mahlzeiten aus? Welche Konsequenzen hat es für die Mahlzeiten, wenn die Mutter feststellen muss, dass die festen, fülligen Brüste, die ein wichtiger Teil ihrer weiblichen Identität gewesen sind, anfangen, Form und Schwerpunkt zu verändern? Und was geschieht, wenn das Kind beim Essen anscheinend ständig unzufrieden und frustriert ist? Und was tun, wenn die Mutter unter einer so genannten Wochenbettdepression leidet und nicht erlebt, dass sie eine präsente und aktive Rolle im Verhältnis zum Kindes einnehmen kann? Welchen Einfluss hat all das insgesamt auf den Vater und sein Verhältnis zur Partnerin und auf das gemeinsame Kind?

Selbst wenn keine Probleme auftreten und alles nach Plan läuft, werden immer wieder unbekannte Karten ins Spiel geworfen. Nicht selten sind es gerade die Mahlzeiten des Kindes, die für Inspiration und Provokationen sorgen. Durch die exklusive Intimität zwischen der stillenden Mutter und dem Kind keimt beim frisch gebackenen Vater die Erkenntnis auf, dass er auf der Prioritätenliste der Mutter auf die Nummer 2 abgerutscht ist. Dadurch können die Mahlzeiten für alle Beteiligten eine ganz neue Bedeutung bekommen. Das Ausmaß ist abhängig von der Reife der Eltern und ihrer Fähigkeit, über die gegenwärtige Situation zu reden. Ein Gespräch rückt den Vater entweder wieder in die Nähe des Zentrums oder er wird weiter an die Peripherie gedrängt. Von dieser Randlage aus kann der symbolische und konkrete Austausch von Nähe und Liebe zwischen Mutter und Kind zu einer Konkurrenz-Situation werden. Wie dem auch sei, auf lange Sicht wird die Stimmung um die Mahlzeiten einen Einfluss auf das Familienleben ausüben.

Diese Aufzählung von möglichen Konflikten dient weder der Warnung noch der Vorbeugung. Vielmehr sollten einige der Faktoren illustriert werden, die für die Mahlzeit in der Familie von Bedeutung sind und werden. Ich möchte den Eltern nicht empfehlen, Zeit und Energie zu investieren, um diese Dinge stundenlang zu analysieren und zu diskutieren. Aber sie können vielleicht eine bestimmte Perspektive für den Tag bieten, wenn man sich womöglich in Missstimmung und Konflikten festgefahren hat. Tritt der Fall ein, dann stellen wir am Anfang die einfache und konkrete Frage wie z. B.: »Wie bringen wir die Kinder dazu, ordentlich am Tisch zu sitzen?« Wobei wir gut wissen, dass sie kein Außenstehender beantworten kann. Die Antwort findet sich in unserer gemeinsamen Geschichte.

Das Wort »Konflikt« ist für die meisten von uns negativ besetzt. Im Grunde aber umschreibt dieser Begriff nur eine Situation, in der zwei Seiten einer Gemeinschaft gegensätzliche Ziele verfolgen: »Ich möchte gern, dass du dein Essen isst« contra »Aber ich habe keinen Hunger!« In diesem Licht betrachtet, könnte man beinahe behaupten, es sei ein Wunder, dass wir so oft zur gleichen Zeit das gleiche Ziel ansteuern.

Konflikte sind ein untrennbarer Bestandteil des Familienlebens. Und die Forschung der vergangenen Jahre hat gezeigt, dass die Familien, in denen sich alle wohl fühlen und sich am besten entwickeln, jene sind, in denen man Konflikte nicht überdeckt, sondern bereit ist, ihnen ins Auge zu schauen, und tatsächlich das verhandelt, worum es geht. *Wichtige Konflikte, die unterdrückt oder nicht sachbezogen verarbeitet werden, entwickeln sich zu Problemen.* Eine Vielzahl der Probleme, die Familien in Verbindung mit den gemeinsamen Mahlzeiten erleben, können deshalb auf einen relativ einfachen Konflikt zurückgeführt werden. Man hat ihn nicht sachbezogen bewältigt oder ist vielleicht einfach nicht auf ihn aufmerksam geworden, als er die ersten Male aufgetreten ist.

Es trifft sich eigentlich sehr gut, dass es so ist. Denn es gibt fast kein Problem, für das wir eine »Lösung« haben. Das gilt auch für die Lösungsvorschläge, die von der Familie, von Freunden und professionellen Helfern angeboten werden. Sie können zwar all-gemein zutreffend oder auf die Nachbarfamilie anwendbar sein, müssen aber immer an unsere Familie angepasst werden, um wirk-sam sein zu können. Ein »guter« Rat ist erst dann ein guter Rat, wenn berücksichtigt wurde, dass sich unsere eigene Familie von allen anderen unterscheidet, auch wenn es Übereinstimmungen gibt wie z. B. im Alter der Kinder. Die Lösung für die meisten Prob-leme besteht darin, den Konflikt aufzuspüren, der am Anfang stand, und ihn neu zu bearbeiten. Selbstverständlich können auch Konflikte auftreten, für die wir keine Lösung finden und die deshalb mehr oder weniger dauerhafte »Mitglieder« der Familie bleiben. Sie sind es zumeist, die der einzelnen Familie ihren besonderen Charakter und ihr Profil verleihen und die dafür ver-antwortlich sind, dass wir herausgefordert werden und unsere Menschlichkeit und Mitmenschlichkeit entwickeln können. Es geschieht nahezu immer dann, wenn aus einem Paar eine Familie mit Kind bzw. Kindern wird und die Persönlichkeiten der Kinder mit den Träumen und Erwartungen der Eltern nicht übereinstim-men. Ganz gleich, wie viel Bedeutung wir als Eltern den Mahlzei-ten und der Zubereitung des Essens beimessen, glaube ich, dass für die meisten von uns der Eindruck gemeinsam ist, dass ein Kind, das unser Essen zurückweist oder sich zu essen weigert, die größte Provokation darstellt. Es gibt nicht allzu viele Bereiche in unserem Leben mit Kindern, die wir in dem Umfang planen und struktu-rieren können – weil es so herrlich konkret ist – und denen wir dermaßen hilflos und panisch gegenüberstehen, wenn die Planung nicht den gewünschten Erfolg hat. Es klingt widersinnig, ist aber wahr, dass die Erwachsenen und die Gemeinschaft die wertvollste Nahrung bekommen, wenn die Kinder zum Kampf um die Ernäh-rung antreten, die ihnen angeboten wird.

Im Folgenden werden einige der Konflikte behandelt, die um das Essen und die Mahlzeiten der Familie entstehen können. Diese Gelegenheit möchte ich zu dem Versuch nutzen, Lösungsvor-schläge anzubieten. Ich empfehle dem Leser und der Leserin, sie selbst gut abzuschmecken und ansonsten vollkommen ungezwungen damit umzugehen. Die schlechteste aller denkbaren Reaktionen, die ich erhalten kann, besteht darin, dass Eltern sagen: »Jesper Juul meint, dass …« Wäre dies hier ein Kochbuch, würde ich dem Leser und der Leserin empfehlen, erst einmal die Rezepte zu befolgen, um den tieferen Sinn und die Komposition des einzelnen Gerichts zu begreifen und um dann anschließend beim zweiten Mal ungezwungen und nach eigenem Gusto damit zu verfahren. Mit diesem Buch verfolge ich jedoch eine andere Absicht. Und ich hoffe, der Leser und die Leserin sind empfänglich für den Tenor und die Prinzipien und vergessen das Konkrete.

Kluge Worte bei jeder Mahlzeit

Halt den Mund und iss!

Benutze deinen Mund zum Kauen und nicht zum Reden!

Warum glaubst du wohl, hat der Stuhl vier Beine? Lass das Kippeln auf dem Stuhl!

Du musst das aufessen, was du angefangen hast.

Heb den Schoko-Pudding bis zum Schluss auf!

Hör auf, im Essen herumzustochern!

Iss jetzt, sonst darfst du nicht nach draußen zum Spielen.

Wenn du aufisst, freut sich deine Mutter.

Iss auf! Sonst kommt der Weihnachtsmann nicht zu dir.

Iss auf – sonst bekommst du das Gleiche morgen noch einmal vorgesetzt.

Ich habe gar nicht gehört, dass du dich fürs Essen bedankt hast.

Du bist aber brav! Du hast alles aufgegessen.

Halt den Mund beim Essen!

Nimm noch etwas – oder schmeckt es dir nicht?

Iss nur ordentlich – es ist noch mehr draußen.

Iss jetzt alles auf! Sonst wirst du nicht so groß und stark wie dein Vater.

Was ist denn los mit dir? Du magst ja gar nichts?

Du sollst eine *kleine* Portion essen!

Probier mal! Es schmeckt gut – du wirst es mögen.

Wenn du nicht isst, dann kannst du nicht mitkommen …

Iss schön! Ordentlich!

Bist du bald fertig? Alle warten nur auf dich.

Erst das Gesunde – dann das Süße.

Ich mag das nicht! Das gibt's hier nicht!

Leck deinen Teller nicht aus – das machen nur die Affen.

Mach kein Mus aus deinem Essen!

Wenn du nicht schön isst, kommst du raus in die Küche. Dann kannst du alleine essen!

Rücken gerade – sitz ordentlich!

Sitz ordentlich, sonst …

Mit vollem Mund spricht man nicht!

Hör auf zu schmatzen!

Hände vom Tisch!

Sei jetzt still und stell die Musik leiser!

Iss, damit du ein großer Junge wirst.

Von dem Bisschen kannst du doch nicht satt werden.

Denk an die Kinder, die Hunger leiden müssen!

Wenn das Essen gut zubereitet ist, dann kannst du es auch essen.

Hör auf zu kleckern!

Du isst wie ein Spatz.

Zeig mal, dass du ein großes Mädchen bist, das schon aufessen kann.

Zeig mal, dass du Mamas liebes und großes Mädchen bist.

Wenn du alles aufisst, dann bekommst du hinterher etwas Leckeres.

Iss jetzt – wir haben keine Lust, auf dich zu warten!

Iss auf, dann gibt es morgen gutes Wetter.

Deine kleine Schwester hast alles aufgegessen. Dann kannst du es auch.

Du bekommst keinen Nachtisch, wenn du nicht aufisst.

Kleckerschwein!

Iss jetzt – es schmeckt dir doch!

Nimm noch etwas! Du sollst dir selbst etwas Gutes tun.

Wenn du dich nicht ordentlich benehmen kannst, dann gehst du ins Bett.

Du sollst probieren, was auf dem Tisch steht.

Du bekommst keinen Nachtisch, wenn du keine Kartoffeln isst!

Warum hast du jetzt keinen Hunger? Du weißt doch genau, dass wir jetzt essen!

Wenn du aufhörst zu weinen, dann bekommst du ein Eis.

Ich weiß, dass du keinen Durst hast. Du hast doch gerade etwas zu trinken gehabt!

Finden Sie nicht auch: Wir machen es uns hierzulande bei den Mahlzeiten so richtig gemütlich. Es lässt sich keine Redensart darüber finden, dass Kinder es nicht erwarten können, sich an den gedeckten Tisch zu setzen, das Essen zu genießen und schnell zu lernen, ordentlich mit anderen Menschen zu sprechen.

Die destruktive Falle all dieser Phrasen besteht darin, dass sie die Sprache der Macht und der Erziehung repräsentieren, die die ganze Zeit »auf etwas Bestimmtes hinaus will«. Die ganze Zeit wollen sie denjenigen verändern, korrigieren und umkrempeln, der in dieser Form angesprochen wird. Und die dem Kind somit die gleiche negative Botschaft senden: Mit dir stimmt etwas nicht!

Kinder können sich gegen eine solche Übermacht nicht durch klare, direkte Worte zur Wehr setzen: »Papa und Mama – hört mal zu! Ich mag das Essen und möchte gern mit euch zusammen essen, aber ich fühle mich, ehrlich gesagt, weder willkommen noch wertgeschätzt. Mir fällt auf, dass ihr mit euren Freunden und anderen Menschen, die ihr gern habt, ganz anders sprecht – darum bin ich durcheinander, verunsichert und mir vergeht der Appetit.« Stattdessen müssen sie sich indirekt ausdrücken und mit Hilfe anderer aller nur erdenklichen Mittel versuchen, den Erwachsenen begreiflich zu machen, dass sie sich in ihrer Gegenwart nicht wohl fühlen.

Es macht keinen Unterschied, ob alle diese alten und neuen erzieherischen Floskeln eher aus Wut, Verärgerung, Müdigkeit oder als Appell oder mit zuckersüßer Stimme geäußert werden. Sie wirken sich auf das Selbstwertgefühl des Kindes, den Kontakt zwischen Eltern und Kind und die Stimmung am Tisch verheerend aus. Sie bewirken genau das Gegenteil dessen, das die Eltern erreichen wollen. Allen Beteiligten wird es besser gehen, wenn solche Sprüche unterbleiben. Und es wäre auch kein großer Verlust für unsere Esskultur.

Die meisten dieser Redensarten sind entweder vollkommen überflüssig, für das Kind verletzend oder beides. Die übrigen können durch klare, persönliche Aussagen ersetzt werden:

- Ich möchte gern, dass du das Essen probierst. Ich selbst bin ganz verrückt nach Blumenkohl, deshalb möchte ich gern, dass auch du ihn gern magst.
- Ich kann es nicht ausstehen, wenn du mit dem Essen spielst, und ich möchte, dass du jetzt damit aufhörst!
- Ich möchte gern, dass du auf dem Stuhl sitzt und dich nicht auf den Tisch lümmelst!

Oder mit Interesse und Einbeziehung:

- Fast eine ganze Woche lang hast du so gut wie nichts gegessen. Magst du das Essen nicht oder hast du einfach nur keinen Hunger?
- Ich kann verstehen, dass es nicht einfach ist, ein Hähnchen zu essen, wenn man nur Schokoladeneis im Kopf hat. Aber ich möchte gern, dass du zuerst das Hähnchen isst, dann gibt es hinterher das Eis.
- Mir macht es in der letzten Zeit Probleme, etwas zu kochen, das du magst. Kannst du mir nicht ein paar Vorschläge machen? Das würde mir helfen.
- Ich merke, du bist mit den Gedanken ganz woanders. Sagst du mir, worüber du nachdenkst?

Eltern haben unterschiedliche Forderungen und Wünsche an die Esskultur in ihrer Familie. Nur selten ist darin das Problem zu suchen. Meistens liegt es entweder an der Methode, mit der sie versuchen, sie durchzusetzen oder am Zeitpunkt (es ist z. B. unrealistisch, von einem zweijährigen Kind zu erwarten, dass es nicht mit dem Essen spielt, nicht experimentiert und mit den Fingern isst oder von einem langen Lulatsch von 14 Jahren mit Wachstumsschmerzen, dass er am Tisch sitzt wie ein frisch gebackener Kadett). Kleinkinder müssen manche Dinge sehr häufig hören, ehe sie sie in Erinnerung behalten und sie verstehen können. Erst im Alter von vier Jahren fangen sie an, sich eine klare Vorstellung davon zu machen, was »richtig« und was »falsch« ist.

Gelingt es den Eltern nicht, bestimmte Ziele durchzusetzen, dann ist es meistens die Form, in der sie auf das Kind reagieren, die der Überprüfung bedarf. Es geht mir hier nicht darum, »honigsüß und freundlich« im Gegensatz zu »sauer und wütend« zu sein. Ich rede von der schweren Kunst, sich unter Einbeziehung des Kindes direkt, persönlich, einfühlsam und respektvoll zu verhalten. Es ist nichts dagegen einzuwenden, seiner Wut einmal freien Lauf zu lassen, so dass es jeder hören kann. Doch es ist nicht klug, Wut vorzuspielen, um ein bestimmtes Ziel zu erreichen. Es ist nichts dagegen einzuwenden, einen brennenden Wunsch nach Veränderung zu äußern; es ist aber nicht angebracht, die Initiative, die Verantwortung und diese Aufgabe auf das Kind zu übertragen.

Wenn Kinder wählerisch sind

Als »wählerisch« bezeichnet man ein Kind, das nur sehr wenige Gerichte essen mag, und nicht ein Kind, das so geboren wurde. Das Verhalten ist erlernt. Es sind immer die Eltern, die durch ihre bewusste Politik oder ihr unbewusstes Handeln die Lehrmeister sind. Aber um näher auf das Thema einzugehen, lassen Sie uns das Wort »wählerisch« etwas genauer betrachten, was es bedeutet, wie es verwendet und missbraucht wird.

Ist man wählerisch, weil einem acht bis zehn Gerichte nicht schmecken? Oder kann man erst dann davon sprechen, wenn man

30 bis 40 Speisen nicht isst? Ist man erst dann richtig wählerisch, wenn man tatsächlich das Gericht probiert hat, das man sich anschließend zu essen weigert, oder nur, wenn man es schon von vornherein ablehnt? Ist man wählerisch, wenn man im Kindergarten oder der Tagesstätte alles, aber zu Hause nur drei Gerichte isst, oder umgekehrt?

Ich kenne die genaue Definition nicht, aber Eltern, die Angst haben, ihr Kind könnte wählerisch werden, oder der Meinung sind, dass es bereits der Fall ist, wären vielleicht gut beraten, sich klar darüber zu werden, was sie mit dem Wort eigentlich meinen.

Ein Beispiel:

Vor kurzem war ich Zeuge folgender Situation: Zwei junge Eltern saßen mit ihrer einjährigen Tochter in einem Café.

Das Mädchen hatte seine Nuckelflasche mit Saft. Die Mutter bestellte sich eine Suppe und der Vater Pasta mit Lachs und Gorgonzola. Während sie auf das Essen warten mussten, gingen der Vater und seine Tochter etwas zwischen den Tischen und draußen auf dem Bürgersteig umher. Als sie wieder zurückkamen, stand die Suppe für die Mutter auf dem Tisch. Das Mädchen wurde in seine Klappkarre gesetzt und streckte sofort seine Arme nach der Suppe der Mutter aus. Die Mutter schaute den Vater an und schüttelte den Kopf. Er nahm das Kind hoch und versuchte vergeblich mit der Nuckelflasche sein Glück. Kurz darauf wurde sein Essen gebracht, von dem er sorgfältig kleine Portionen abteilte, pustete, bevor er seiner Tochter davon einen Löffel voll anbot. Mit Begeisterung nahm die Kleine das Angebot an und riss den Mund weit auf. Sie probierte ganz kurz und spuckte danach alles aus. Der Vater versuchte es aufs Neue – diesmal begleitet von einem »Mhmm, das schmeckt lecker!«. Aber mit gleichem Ergebnis wie beim ersten Versuch. Das Mädchen nahm seine Nuckelflasche und trank etwas, um den unangenehmen Geschmack hinunterzuspülen, und streckte dann abermals die Arme nach der Suppe der Mutter aus. Die Mutter schaute diesmal ihre Tochter an und schüttelte den Kopf mit den Worten: »Die Suppe ist heiß und die ist nicht für dich.« Sie aß eine Weile weiter, aber da die Kleine hartnäckig blieb, nahm sie einen Löffel voll Suppe, pustete, wobei sie sehr beunruhigt dreinschaute. Sehr vorsichtig führte sie den Löffel zum Mund ihrer Tochter. Als er die Lippen der Tochter berührte, drehte das Kind den Kopf abweisend zur Seite. Die Mutter versuchte es noch einige Male, aber mit dem gleichen Ergebnis. Darauf hin sagte sie zu ihrem Mann: »Das ist doch seltsam, oder? Wenn sie bloß nicht wählerisch mit dem Essen wird.« Die Tochter hatte das Interesse am Essen der Eltern verloren und spielte stattdessen mit ihrem Teddy.

Was war eigentlich in dieser kleinen Szene passiert? Die Interpretation der Leserin bzw. des Lesers kann genauso richtig sein wie meine. Ich kann nicht sagen, was im Kopf des kleinen Mädchens vor sich ging. Das ist im Grunde auch nicht von Bedeutung. Von Bedeutung ist, dass die Ablehnung von zweierlei Gerichten durch das Mädchen die Sorge der Mutter weckte, sie könne wählerisch sein. Ihre Sorge war so groß, dass sie ihren Gedanken laut aussprach. Damit hatte sie eine negative Erwartung ins Verhältnis Mutter–Kind–Essen eingebracht. Es *kann* die Mahlzeiten für alle Beteiligten erschweren.

Sie hätte auch sagen können:

- »Ach, sie hat also gar keinen Hunger, aber interessiert sich dafür, was wir essen.«
- »Aha, sie will nur das tun, was wir auch machen (die Lieblingsbeschäftigung vieler Kinder in dem Alter).«
- »Ich würde gern wissen, ob ich zu besorgt war, die Suppe könnte zu heiß sein, so dass sie sich deshalb nicht traute, sie in den Mund zu nehmen, als es so weit war.«
- »Wir müssen dem Koch sagen, dass unsere Tochter mit seinen Kochkünsten nicht zufrieden ist.«

Kinder wie Erwachsene müssen mit positiven wie negativen Erwartungen leben. Es ist einer der Gründe dafür, warum ich der Meinung bin, man sollte mit den negativen Erwartungen vorsichtig umgehen – um beider Seiten willen.

Nehmen wir einmal an, diese Mutter sei tatsächlich besorgt, ihre Tochter könne wählerisch sein oder werden, und beginnt nach Anzeichen zu suchen, die ihre Befürchtung bestätigen. Es würde unmerklich Einfluss auf ihr Verhalten und auf viele Aspekte des Verhältnisses zwischen beiden haben – z. B.:

- Sie würde dazu neigen, bei einigen Nahrungsmitteln ihre eigene Begeisterung zu dämpfen oder sie unnötig hochzuschrauben.
- Die Tochter würde bei jeder Mahlzeit Fokus der ängstlichen, prüfenden oder besorgten Aufmerksamkeit der Mutter werden.
- Die Tochter würde hören, wie ihre Mutter über sie mit dem Vater, der Familie und anderen Personen spricht. Sie würde nicht verstehen, was das Wort »wählerisch« bedeutet. Doch sie würde begreifen, dass mit ihr etwas nicht ganz stimmt.
- Die Mutter würde erleichtert sein, immer wenn das Mädchen etwas isst und deshalb dazu neigen, die wenigen Gerichte immer wieder zu kochen, nur um Erfolg zu haben.
- Der Vater wäre womöglich mit seiner Frau nicht einer Meinung, so dass die Sache während der Mahlzeiten ständig zum Thema gemacht würde. Woraufhin sich bei dem Mädchen nicht nur das Gefühl einstellen würde, dass mit ihr etwas nicht stimme, sondern es würde darüber hinaus erleben, dass es ihretwegen zwischen den Eltern zum Streit kommt.

Sitzen diese Gedanken mit am Esstisch, dann dauert es nur wenige Monate, bis man einem Kind beigebracht hat, »wählerisch« zu sein, oder bis es dann nur mehr ständig ein oder zwei Gerichte essen will. In dieser Situation sind vielleicht die Ursachen darin zu suchen, dass im Zusammenspiel der Familie etwas Grundlegendes im Argen liegt und die Stimmung rund um die Mahlzeiten von einer gewissen negativen Erwartung oder Sorge infiziert ist.

Der Ausdruck »wählerisch« ist nur einer von vielen negativ besetzten Begriffen, die wir im Zusammenhang mit Kindern verwenden. Ihnen gemeinsam ist, dass sie aus einer Zeit stammen, als Erwachsene das Verhalten von Kindern automatisch negativ interpretierten, wenn sie nicht unmittelbar einen Sinn dahinter entdecken konnten. Inzwischen sind wir etwas klüger geworden und können problemlos erkennen, dass das Verhalten von Kindern in seinem Ursprung nicht negativ/böse/ungezogen zu sein braucht, nur weil es uns nicht gefällt.

Es dauert seine Zeit, bis dieses alte Schubladen-Denken abgeschafft ist. Der beste Rat, den ich Eltern geben kann, besteht darin, dass man, sobald der Gedanke »Wenn sie nur nicht wählerisch wird« auftaucht, ein »Hoppla! Ich meine, wenn ich sie bloß nicht wählerisch *mache*!« hinterherschiebt.

Die Geschmacksnerven von Kindern sind unglaublich sensibel und stumpfen entweder mit dem Alter, durch Tabakgebrauch oder Gewohnheit ab. Ein Beigeschmack im tiefgekühlten Spinat oder zwei Nelken in einem Topfgericht, die die Erwachsenen gar nicht mehr wahrnehmen, kann für ein Kind das gesamte Geschmackserlebnis dominieren. Ist das Erlebnis negativ, reagieren Kinder wie Erwachsene: Sie haben Vorbehalte bei der nächsten Begegnung mit dem gleichen Gericht. Die Geschmacksnerven von Kindern sind jungfräulich und nicht stimuliert und müssen trainiert werden. Folglich ist die Begegnung mit jedem neuen Geschmack eine Überraschung – manchmal fällt sie angenehm und reizvoll aus, dann wieder unangenehm und schockierend.

Genau wie Erwachsene essen Kinder auch mit den Augen. Häufig brauchen sie nur etwas zu sehen, um eine Vorstellung zu bekommen, ob es ihnen schmecken würde oder nicht. Das Gleiche spielt sich in Erwachsenen ab, wenn sie z.B. in einer fremden Kultur auf Reisen sind. Es ist ohne Bedeutung, ob es ihnen *schmecken würde*, wenn sie es tatsächlich in den Mund nähmen und man sie diktatorisch zum Essen zwingen würde.

Machen die Eltern die ganze Zeit Werbung, dass das Gericht, das sie dem Kind anbieten, »gut schmeckt« oder »gesund ist«, kann das Kind schnell in eine Situation geraten, in der es gezwungen ist, eine Wahl zwischen der Beschreibung der Eltern und seinem eigenen Geschmackserlebnis zu treffen. Es ist kaum gerechtfertigt, ein Kind wählerisch zu nennen, nur weil es beschließt, sich auf seine eigenen Sinneseindrücke zu verlassen.

Als Alternative können die Eltern ein allgemeines Interesse an den Geschmackserlebnissen des Kindes zeigen – z.B.:

- Das hier ist Broccoli. Mir schmeckt er gut, deshalb ist es interessant zu sehen, ob du ihn auch magst.
- Der Reis ist heute gelb, weil ich etwas Curry hineingegeben habe. So hast du ihn noch nie probiert… Was meinst du?
- Heute habe ich eine andere Sorte Kartoffeln gekauft, die Mama mag. Sie heißen Spargelkartoffeln. Ich esse eigentlich die normalen lieber, aber nun wollen wir mal sehen, was du davon hältst.
- Aha, das schmeckt dir nicht. Sag doch einfach Bescheid und erkläre mir, was für dich nicht in Frage kommt.
- Ich habe schon immer Kalbsleber gern gegessen. Kannst du mir nicht erklären, warum du sie nicht magst? Ist sie zu süß? Wird es im Mund immer mehr, wenn du zu kauen anfängst? Ist sie zu trocken? … Oder schmeckt sie dir einfach nicht?

Ein Kind, das diese Form von gleichwertigem Interesse an seinen Geschmackserlebnissen spürt, wird weitaus mehr dazu neigen, einem bestimmten Produkt oder einem bestimmten Gericht beim nächsten Mal eine neue Chance zu geben, wenn es auf dem Tisch steht. Das Kind, das die Besorgnis, die Überredungsversuche, das Beharren, die pantomimeartigen Vorstellungen und andere Formen der Manipulation der Eltern wahrnimmt, wird mit dem schlechten Geschmack über das *ganze* Erlebnis im Mund allein gelassen. Es wird dazu neigen, sein Repertoire an den Gerichten einzuschränken, die es gern isst und die deshalb nicht für schlechte Stimmung sorgen. Viele Eltern haben sich im Lauf der Zeit gefragt, warum Kinder nicht »einfach essen«, wenn sie doch wissen, dass sich die Stimmung bedeutend trübt – also um den Konflikt zu vermeiden. Aber das ist die Entscheidung eines Neurotikers. Es dauert im Allgemeinen mehr als vier bis fünf Jahre, um aus einem gesunden ein neurotisches Kind zu machen.

Die Geschmacksnerven der Kinder sind unendlich flexibel. Innerhalb weniger Monate kann ein dänisches Kind lernen, wie es seine positiven Geschmackserlebnisse erweitert – ausgehend von der angenehm fetten Süße der Muttermilch hin zu Frikadellen mit

Zwiebeln, Pfeffer und Muskat. Und ein indisches Kind kann bei dem gleichen Ausgangspunkt Curry, Chili und Koriander schätzen lernen. Wenn die beiden Kinder im Alter von zwei Jahren die Familie tauschen würden, könnten sie darüber hinaus eine ganz neue Geschmackswelt kennen lernen.

Für mich ist es ein allgemein gültiger Grundsatz, der auch in Verbindung mit den mehr oder weniger unverständlichen Geschmackserlebnissen von Kindern gut als Faustregel dienen kann: Menschen, deren Sonderstandpunkte man ernst genommen hat, werden im Lauf der Zeit meistens flexibler, während sie sich häufig verschließen und aggressiv werden, wenn ihnen Kritik entgegen gebracht wird.

Das Geschmacksrepertoire von Kindern entfaltet und entwickelt sich in den ersten sechs bis sieben Lebensjahren. In dieser Zeit haben sie die persönlichen Erlebnisse, die ihre Ernährung für den Rest des Lebens regulieren werden. Ab dem Schulalter treten lange Phasen auf, in denen sie keinen gesteigerten Wert auf diese Erlebnisse legen, sondern das essen, was man in ihrer Altersgruppe nun einmal isst. Erst wenn sie erwachsen sind, beginnen sie von neuem, individueller zu handeln und an die Erfahrungen und Erlebnisse der ersten Jahre anzuknüpfen. Kochen Sie deshalb weiterhin ganz beruhigt aus guten Zutaten gutes Essen, das den übrigen Familienmitgliedern gut schmeckt.

Einige moderne Eltern mit Kleinkindern haben beschlossen, sich von dem aus den guten, alten Zeiten stammenden Zwang und der Manipulation bei den Mahlzeiten zu distanzieren und gleichzeitig ihre Führungsrolle abzulehnen. Diese ungünstige Kombination hat viele so genannte »wählerischen Kinder« hervorgebracht.

Ein Beispiel: *Die Familie – Mutter, Vater und Kamma, drei Jahre alt –, ist zum Frühstücken in der Küche versammelt.*

Mutter: *Was möchtest du gern zum Frühstück haben, Kamma?*

Kamma: *Ich will Jogurt mit Erdbeere.*

Vater: *Ich glaube, wir haben keinen mit Erdbeere … nur mit Waldbeere.*

Kamma: *Aber ich WILL mit Erdbeere!*

Mutter: *Ja, ja, ich guck mal im Kühlschrank nach … Stimmt, Kamma, wir haben keinen mit Erdbeere, aber Jogurt mit Waldbeere magst du doch auch, oder?*

Kamma: *Ich will aber mit Erdbeere haben. Warum haben wir keinen mit Erdbeere, wenn ich ihn jetzt haben will?*

Mutter: *Das weiß ich nicht, Kamma … Warum hast du keinen mit Erdbeere gekauft?*

Vater: *Keine Ahnung. Die hatten wohl keinen … und ich konnte mich auch nicht mehr erinnern, was sie momentan gern isst … kannst du nicht einfach Jogurt mit Waldbeere essen, Kamma, damit wir fertig werden und los können?*

Mutter: *Kannst du dir nicht etwas mehr Mühe geben, so was nicht zu vergessen, damit so was vermieden werden kann. Es ist nicht schön, so den Tag zu beginnen.*

Kamma: *Dann will ich Haferflocken mit Milch haben!*

Vater: *Wir haben keine Haferflocken – nur Cornflakes. Du kannst Cornflakes mit Milch bekommen.*

Kamma: *Ich mag keine Cornflakes. Ich will Haferflocken!*

Vater: *Kamma, verdammt noch mal! Kannst du nicht einfach Cornflakes essen, damit wir zur Arbeit kommen? In der letzten Woche hast du Cornflakes geliebt. Ich werde heute auf dem Heimweg Erdbeer-Jogurt und Haferflocken kaufen.*

Kamma: *Ich will Erdbeer-Jogurt haben!*

Mutter: *Ich gebe dir jetzt also Cornflakes. Wir müssen schließlich zur Arbeit … und du freust dich doch auch schon auf den Kinderhort   oder nicht?*

Kamma: *Dann will ich ganz viel Zucker und Schokopopps draufhaben – sonst mag ich sie nicht!*

Mutter: *Aber Kamma, du weißt doch ganz genau, dass so viel Zucker nicht gesund ist.*

Vater: *Gib es ihr, damit wir unsere Ruhe haben. Es ist doch total daneben, so den Tag zu beginnen!*

Mutter: *Ja, aber ich war es doch nicht, die vergessen hat, Erdbeer-Jogurt zu kaufen. Es ist außerdem auch überhaupt nicht gesund.*

Kamma ist nicht wählerisch. Sie ist nur vollkommen durcheinander, einsam und unglücklich, weil sie in die Situation versetzt wurde, die Führungsrolle in ihrer Familie übernehmen zu müssen. Ihr einziger Ausweg besteht darin, gegen alles zu protestieren, was ihr ansonsten noch angeboten wird. »Worauf du Lust hast, bekommst du« war von Beginn die Liebesgabe der Eltern an sie. Obwohl sie jedes Mal froh ist, wenn sie genau das bekommt, worauf sie am meisten Lust hat, wird sie unter dem Strich frustriert und unglücklich sein. Ihr fehlt und sie vermisst die aktive Führungsrolle ihrer Eltern. Sie erlebt nur, dass ihre eigenen Versuche, sie auszuüben, zu Konflikten und Missstimmung führen. Am Frühstückstisch, am Abendbrottisch, beim Zähneputzen, beim Anziehen oder bei jeder anderen Gelegenheit zeigt sie ihre Frustration.

Wenn Kammas Eltern ihr Problem beschreiben, sagen sie: »Was soll man mit einer Dreijährigen machen, die nur Cornflakes mit Unmengen von Zucker und Schokopopps zum Frühstück essen will?« So gefragt, gibt es nur zwei mögliche Antworten:

»Meine Güte, dann geben Sie es ihr doch, wenn es das ist, was sie am liebsten isst. Es wird sich schon geben.« Worauf die Eltern einwenden werden, es sei nicht gesund und helfe nicht weiter, weil ihr nächste Woche wieder etwas Neues einfällt.

Oder: »Dann müssen Sie einen Schlussstrich ziehen und ‚Nein!' sagen!« Worauf die Eltern entgegnen werden, sie hätten es mehrmals, viele Male, probiert!

Kammas verbissener Kampf um die Cornflakes mit Zucker und Schokopopps ist nicht das Problem. Es ist bloß das letzte Glied in einer langen Kette von Symptomen für das eigentliche Problem: nämlich, dass Kamma elternlos in dem Sinn geworden ist, dass ihr als Richtschnur die Erfahrungen, der Überblick und die persönliche Autorität ihrer Eltern fehlen. Statt dessen ist sie darauf angewiesen, ausschließlich von ihrer eigenen spontanen Lust gelenkt durch das Leben zu navigieren und das mit einer Mannschaft, die aus zwei handlungsunfähigen Matrosen besteht.

Für Eltern ist es nicht immer leicht, in dieser Situation den Stil zu wechseln. Es liegt vor allem daran, dass sie sich angewöhnt haben, »das Lächeln der Kleinkinder zu sammeln«, nämlich das Lächeln und die Freude, die sie jedes Mal in den Kinderaugen sehen, wenn ihre Kleinen das bekommen, worauf sie am meisten Lust haben. Man kann ihnen kaum verdenken, dass sie sich vorstellen, all dieses Lächeln möge sich zu einer großen Freude in den Kindern vereinigen und dass es Zeit oder konkrete Beweise braucht, bevor sie einsehen, dass sich die Summe all dieses Lächelns ins Gegenteil verkehrt.

Eine Alternative:

Mutter: *Was möchtest du gern zum Frühstück haben, Kamma?*

Kamma: *Ich will Jogurt mit Erdbeere haben.*

Mutter: *Gut, ich werde nachsehen, ob wir den dahaben ... Es ist keiner da, Kamma. Wir haben Jogurt mit Waldbeere oder sonst kannst du auch Cornflakes mit Milch bekommen.*

Kamma: *Aber ich will mit Erdbeere* (es dauert etwas, um die neue Wirklichkeit zu verarbeiten).

Mutter: *Ja, es ist wirklich ärgerlich, aber daran kann man nichts ändern (Ich erkenne an, dass du etwas Zeit brauchst, um deine Erwartungen umzustellen).*

Gleichzeitig stellt sie Cornflakes und Jogurt auf den Küchentisch.

Kamma: *Ich WILL aber mit Erdbeere!*

Mutter (freundlich): *Das geht jetzt nicht, Kamma. Du kannst es dir aussuchen, ob du Cornflakes mit Milch oder Jogurt mit Waldbeere haben willst. Sag mir einfach Bescheid, wenn du dich entschieden hast.* (Keine Erklärung oder Entschuldigung, um ihr die Realitäten schmackhaft zu machen!)

(Danach braucht Kamma Ruhe, um sich zu entscheiden. D. h., dass die Eltern ihr Hauptaugenmerk von ihr abwenden und sich auf ihr eigenes Frühstück konzentrieren müssen. Es ist nicht dasselbe wie Kamma abzulehnen oder zu ignorieren. Es geht darum, ihr das Geschenk der Verantwortung und der Entscheidung zu machen, nachdem die Eltern die Realitäten des Lebens an diesem Morgen definiert haben. Sollte Kamma es mit einem »Dann will ich gar nichts haben, wenn ihr so doof zu mir seid« versuchen, lautet die freundliche Antwort: »Naja, so kannst du dich selbstverständlich auch entscheiden. Das habe ich nicht bedacht. Aber ich möchte gern, dass du etwas isst.« Wenn Kamma sich weigert, ist es in Ordnung. Sie wird nicht Hungers sterben und diese Szene mit Sicherheit nicht jeden Morgen für den Rest ihrer Kindheit wiederholen.)

Es liegt in der Verantwortung der Eltern, dafür zu sorgen, dass sich diese und ähnliche Situationen nicht zu einem Machtkampf auswachsen, nicht allein weil Machtkämpfe unangenehm und destruktiv sind, sondern weil es hier nie um Macht geht, sondern um Verantwortung. Wenn die Verantwortung für das Wohlfühlen und die harmonische Stimmung in der Familie wie bei einem liebevollen Versehen auf Kamma übertragen wurde. Auch wenn sie durch ihre Art, mit dieser allzu großen Verantwortung umzugehen, noch so machtbewusst erscheinen mag, kann man nicht davon ausgehen, dass sie oder andere Kinder die geringste Lust haben, die Macht ihrer Eltern zu besitzen. Sie wollen gern gesehen, gehört, einbezogen werden und wollen mitbestimmen, doch das ist etwas ganz anderes.

Gehört diese Situation bei Kammas oder anderen Familien zum Alltag und hat sie sich über einen längeren Zeitraum entwickelt, muss ihr prinzipiell in der Form, wie im Beispiel beschrieben, entgegengewirkt werden. Es kann mehr Ausdauer von Seiten der Eltern erfordern und viele zermürbende Versuche seitens des Kindes kosten. Doch es wird konstruktive Auswirkungen haben und beiden Seiten ein neues und wertvolles Verhalten beibringen. Es kann einen Monat oder länger dauern. Es ist jedoch meiner Meinung nach ein geringer Aufwand verglichen mit der Aussicht auf einen Zeitraum von 15 Jahren, in dem Eltern wie Kinder so leben müssen, je nach dem wie sich zufällig der Wind dreht, und ohne jemals das zu erreichen, was sie wirklich brauchen.

So genanntes »Wählerischsein« kann auch das Ergebnis einer entgegengesetzten Situation sein: Es setzt Eltern voraus, die das Kind aktiv zwingen, bestimmte Gerichte zu essen und andere nicht zu essen. In diesem Zusammenhang ist es vollkommen bedeutungslos, ob es sich bei dem von den Eltern ausgeübten Zwang um die »richtigen« und »gesunden« Speisen handelt, die das Kind essen soll. Von einem anderen Menschen gezwungen zu werden, bestimmte Gerichte zu sich zu nehmen, ist wie zum Sex gezwungen zu werden. Es zerstört nicht nur den Genuss und die Sinnlichkeit, sondern nimmt einem auch die Lust, sich überhaupt damit auseinander zu setzen.

Es gibt noch eine andere Form von Zwang, die interessanterweise so gut wie nie zum Wählerischsein führt: Es ist die Armut. In all den Familien, die mir begegnet sind, in denen die Eltern ihre Armut mit Würde tragen, habe ich zugleich die intensivsten und friedlichsten Mahlzeiten erlebt. Dazu haben u. a. die Kinder beigetragen, die loyal das essen, was an diesem Tag auf den Tisch zu bringen im Rahmen der Möglichkeiten liegt. Ich erwähne dies nicht, um die Armut zu romantisieren, sondern um zu illustrieren, wie gern Kinder bereit sind, mit ihren Eltern zu kooperieren.

Bei einigen Kindern verlieren sich die Ursachen für die Einschränkung ihrer persönlichen Speisekarte im Ungewissen. Der Grundstein mag vielleicht gelegt worden sein, als sie erst drei oder auch schon dreizehn Jahre alt waren. Folglich ist es für die Eltern unmöglich, die Vergangenheit zu korrigieren. Sie müssen sich damit begnügen, ein konstruktives Mittel zu finden, um auf die Gegenwart zu reagieren. Unter konstruktiv verstehe ich: konstruktiv für das Wohlbefinden des Kindes, das Wohlbefinden der Eltern, ihr wechselseitiges Verhältnis und die Stimmung rund um das Essen und die Mahlzeiten. Es geht nie allein darum, das Kind zum Essen zu bringen!

Einigen Problemen kann man mit der üblichen Ehrlichkeit vorbeugen, indem sich die Erwachsenen beim Essen ein wenig über das unterhalten, was sie auf dem Teller haben, und vielleicht der Vater dabei z. B. feststellt, dass er nicht gerade verrückt nach Bohnensprossen ist oder überhaupt keinen Blumenkohl oder Hornhecht mag. Dadurch schafft man eine Atmosphäre, in der der Geschmackssinn eines jeden einzelnen Familienmitglieds nicht als eine Bedrohung für den Zusammenhalt und die Gemeinschaft empfunden oder vom Koch des Tages als persönliche Beleidigung aufgefasst wird. So brauchen Kinder nicht das Gefühl zu haben, mit ihnen stimme etwas nicht, weil es Gerichte gibt, die sie nicht mögen. Aus diesem Grund brauchen sie auch kein größeres Drama daraus zu machen, wenn sich aus Versehen ein einzelnes Blumenkohlröschen auf ihren Teller verirrt hat.

Häufig habe ich darüber nachgedacht, wie anders wir unsere Kinder als unsere Freunde behandeln. Wenn wir gute Freunde zum Abendessen einladen, betreiben wir sehr viel Aufwand, um das Essen auf den Tisch zu bringen, das sie unseres Wissens schätzen. Und wir geben uns viel Mühe, eine angenehme und gemütliche Stimmung rund um die gesamte Mahlzeit zu schaffen. Ersteres gilt vielleicht vor allem, wenn wir wissen, dass unsere Gäste bestimmte Gerichte besonders gern essen, oder wenn es Speisen gibt, die sie wegen des Geschmacks, aus ideologischen, religiösen Gründen, wegen einer Allergie, einer Erkrankung oder anderer Gründe nicht anrühren würden. Wir empfinden es tatsächlich als willkommene Gelegenheit, um unsere Freundschaft zu ihnen zu demonstrieren. Wie kommt es, dass wir unsere Kinder nicht genauso behandeln? Woran liegt es, dass wir leicht verstimmt sind über das Ansinnen, dass wir für die Kinder den gleichen Aufwand betreiben sollen, wie wir es mit Freude für die Freunde tun – die eine Hälfte der Frikadellen ohne Zwiebeln zubereiten z. B. oder das Lammkotelett ohne Knoblauch? Als Beilage Pasta servieren statt Kartoffeln oder einen Fisch zusätzlich zu den Koteletts braten?

In meiner Kindheit hätten die meisten Eltern entgegnet: »Wir sind hier doch nicht im Hotel!« Dabei hatten sie stillschweigend vorausgesetzt, dass unsere Mutter ohnehin schon genug zu tun hatte. Die gleiche Mutter hatte schließlich schon jeden Tag große Rücksicht auf die Geschmacksnerven ihres Mannes zu nehmen.

Heute würden Eltern vielleicht antworten: »Wir haben aber die Verantwortung, dafür zu sorgen, unsere Kinder so zu erziehen, dass sie gesunde Essgewohnheiten entwickeln, und sicherzustellen, dass sie das bekommen, was sie brauchen.« Genau, aber versuchen Sie denn auch, ihren Kindern einen gesunden Schlafrhythmus zu vermitteln, indem Sie sie zwingen, zu einem Zeitpunkt ins Bett zu gehen, da sie Ihres Wissens nach nicht müde sind? Oder gesunde

Sexualgewohnheiten zu entwickeln, indem Sie gegen Vergewaltigung und AIDS predigen? Oder gesunde Lerngewohnheiten, indem Sie sie zwingen, zu Momenten die Hausaufgaben zu machen, da sie Ihres Wissens nach keine Lust und Energie haben? Oder ihnen zu helfen, die Wasserscheu zu überwinden, indem Sie sie ins Wasser werfen?

Wenn die übrigen Familienmitglieder Fischfrikadellen lieben und ein sechsjähriges Kind sie nicht ausstehen kann, was spricht dann dagegen, diesem Kind ein paar Fleischfrikadellen zu machen? Hat es etwas mit Verantwortungslosigkeit oder Luxus zu tun, für die Mutter eine Gemüsequiche zuzubereiten, wenn sie beschlossen hat, die vegetarische Lebensform auszuprobieren oder für die Badesaison fit zu sein? Oder ein Hacksteak mit brauner Soße für den Mann im Haus zu braten, weil er Angst hat, ihm könnten Kaninchenohren wachsen, wenn er anderes Gemüse isst als jenes, das aus einem Glas mit eingelegter Roter Bete kommt?

Sollte es eine Frage der Zeit oder der Energie sein, kann man sich schließlich darauf beschränken, das Notwendigste einzukaufen und die »Abweichler« die Zubereitung selbst in die Hand nehmen zu lassen oder dabei anwesend zu sein. Es ist nicht das schlechteste Training, einmal die Verantwortung für sich selbst zu übernehmen.

Der tiefere Sinn besteht nicht darin, dass alle Familien mit Kindern ein à-la-Carte-Restaurant eröffnen, sondern darin, dass sich alle Mitglieder in der Familie am Tisch gleichermaßen willkommen und wertgeschätzt fühlen. Die Neigung, als ein Ausdruck von Gemeinschaft das Gleiche zu essen, ist bei Erwachsenen wie bei Kindern genauso stark ausgeprägt. Und die wenigsten wollen sich aus Faulheit nicht beteiligen oder die Gastgeber beleidigen. Häufig muss die Individualität erprobt werden, um die Lust am Kollektiven freizusetzen. Und ein Kind, das erlebt, dass ihm Freundschaft und echte Fürsorge entgegengebracht werden, vergilt es früher oder später auf gleiche Weise.

Kann oder will man keine individuelle Rücksicht nehmen – und weiß man wohlgemerkt, dass es sich nicht um eine weitere geschickte Erziehungsmaßnahme handelt –, dann kann man immerhin freundlich sagen: »Ich weiß genau, dir wäre es am liebsten, wir würden für dich jedes Mal extra kochen, wenn es etwas zu essen gibt, das du nicht magst. Aber wir haben beschlossen, dass wir es nicht machen. Ich weiß nicht recht, was ich dir als Lösung vorschlagen soll – abgesehen davon, dass ich wohl etwas im Kühlschrank finde, das dir besser schmeckt. Hast du selbst einen Vorschlag?« Oft werden Eltern tatsächlich gelassener und flexibler, wenn sie sich selbst erst einmal mit gutem Gewissen gestattet haben, hilflos auf eine Situation zu reagieren. Kinder nehmen keinen Schaden, wenn man sie auf eine Weise behandelt, die sie als unangemessen empfinden. Aber sie fühlen sich unwohl, wenn sie unfreundlich behandelt werden.

Vielleicht gibt es so etwas wie das Wählerischsein gar nicht? Vielleicht gibt es nur unterschiedliche Mittel, mit denen Kinder entweder ausdrücken können: »Ich fühle mich nicht wohl mit der Form, die eure Liebe angenommen hat« oder »Ich muss gerade etwas herumexperimentieren, wer ich bin und ob Platz für mich vorhanden ist, so wie ich bin.« Bis wir diese Punkte vielleicht eines Tages geklärt haben, können wir doch die Zeit nutzen, darüber nachzudenken, wie wir ihnen gegebenenfalls begegnen wollen.

Mein Kind will jeden Tag das Gleiche essen

Kinder, die z. B. jeden Tag nur Fleischklößchen oder Spaghetti mit Hacksoße essen wollen, sind ein relativ neues Phänomen. Häufig ist der Hintergrund der Gleiche wie ich ihn am Beispiel von Kammas Eltern aufgezeigt habe (S. 78 ff.), nämlich der, dass das Kind zu einem frühen Zeitpunkt zum Kapitän auf dem Kahn gemacht worden ist und nun immer im Kreis segelt, weil die Kommunikation zum Festland abgebrochen ist.

Mir sind auch Kinder begegnet, die selbst berichten konnten, sie hätten zu einem Zeitpunkt drei bis vier Mahlzeiten hintereinander bekommen (häufig außer Haus) mit Gerichten, die sie nicht kannten und nicht mochten, und dass sie sich aus diesem Grund allein gelassen gefühlt hätten. Darum hatten sie beschlossen, nur Speisen zu essen, von denen sie mit Sicherheit wussten, dass sie ihnen schmeckten – um das Gefühl von Unsicherheit und das Erlebnis, dass mit ihnen etwas nicht stimmte, zu vermeiden.

Bei anderen Kindern handelt es sich meistens um Geborgenheit in einer anderen Form. Eine Phase der Missstimmung und vielleicht eine Trennung von der Familie kann vorgelegen haben, und die Kinder haben sich an den symbolischen Beweis von Fürsorge und Liebe geklammert, den sie ihres Wissens erlangen konnten: Fleischklößchen, Süßigkeiten, Gute-Nacht-Geschichten oder Unmengen von Spielzeug.

In einigen Fällen kann es ebenso wichtig wie wirkungsvoll sein, wenn man den Hintergrund klärt. Doch in einer Vielzahl der Fälle ist es nicht wichtig. Das Wichtigste allerdings ist, dass die Eltern sich selbst ein paar Fragen stellen und herausfinden, was sie selbst wollen – z. B.:

- Besteht die Gefahr, dass mein Kind an Unterernährung oder falscher Ernährung leidet, wenn es noch ein paar Wochen oder Monate lang so weiter geht?
- Wenn das der Fall ist, können wir dann dem Lieblingsgericht unseres Kindes etwas hinzufügen, um sicherzugehen, dass es nicht zu Unterernährung oder falscher Ernährung kommt?
- Machen wir uns ernsthaft Sorgen um sein Wohlbefinden oder hat das Kind nur einen von unseren Träumen wie eine Seifenblase zerplatzen lassen?
- Machen wir uns in Wirklichkeit die größten Sorgen um die Reaktionen des Umfelds? Vor allem wegen der Tagesstätte, der Großeltern, der Freunde, des Arztes? Und wie ernst müssen wir diese Sorge nehmen?
- Sind wir uns wirklich sicher, dass es nur zu einer schlechten Angewohnheit geworden ist, oder ist es Ausdruck dessen, dass wir versagt haben, es zu ändern – zum gegenwärtigen Zeitpunkt?
- Glauben wir, ein Kind verhungert nicht aus reiner Dickköpfig-

keit, so dass wir es beruhigt weiter machen lassen können, solange es eben sein muss?

- Wenn wir uns entscheiden, dem ein Ende zu machen, wie können wir es dann bewerkstelligen, dass das Kind den Fehler nicht mehr bei sich sucht als unbedingt notwendig?

Eine Mutter erzählte mir, ihr vier Jahre alter Sohn habe lange Zeit nichts anderes als Spaghetti mit Tomaten-Ketschup essen wollen. Sie hatte entschieden, dieses Gericht sei zu dürftig, und sie hatte mit ihm den Kompromiss geschlossen, dass er Hacksoße statt Ketschup bekam. Sie kochte nun einmal in der Woche eine große Portion Hacksoße. Und allen Seiten ging es mit dieser Lösung gut. Sie war beruhigt, die strittige Frage hatte sich geklärt, und sie machte sich keine Sorgen über die Zukunft ihres Sohnes. Es war eine richtige Entscheidung – in dieser Familie!

In einer anderen Familie mit dem gleichen Konflikt könnte man vielleicht Lust bekommen, das Erfolgsrezept zu wiederholen. Doch es funktioniert nur, wenn sich die Erwachsenen dabei wohl fühlen. Sie können es herausfinden, indem sie sich selbst eine Zeit lang beobachten. Stellen Sie fest, dass Sie sich oft Sorgen machen und/oder sich selbst Kommentare abgeben hören und die Essgewohnheiten des Sohnes oder der Tochter kritisieren, dann deutet es darauf hin, dass Sie sich mit der Lösung nicht wohl fühlen. Dann müssen Sie sich eine andere Lösung einfallen lassen, die besser zu Ihnen passt. Es ist nicht immer ein leichtes Unterfangen, weil wir dazu neigen, nach objektiven Antworten zu suchen, wenn wir am dringendsten die subjektiven brauchen. Wir ziehen Experten zu Rate, wenn wir uns selbst nicht zurecht finden können. Dagegen ist nichts einzuwenden, solange wir sie nicht kopieren, sondern uns von ihnen anregen lassen.

Warum ist das so wichtig? Es ist wichtig, weil das Verhalten des Kindes eine sehr persönliche Angelegenheit ist und sein Eindruck, anders zu sein oder ein Problem für seine Familie darzustellen, es ebenfalls ist. Daher ist es wichtig, dass auch das Gegenspiel der Erwachsenen persönlich und authentisch ist und nicht Ausdruck

einer »Taktik« oder »Strategie«, für die das Kind die Projektions-
fläche oder das Versuchskaninchen abgeben soll. Selbstverständlich trifft dies vor allem zu, wenn die Eltern herausfinden, dass ein
Teil der Konflikte vielleicht daher rührt, dass sie bei der Ernährung
des Kindes zu viel Druck ausgeübt haben und die Situation in eine
Schieflage geraten ist, weil sie sich mehr dafür interessiert haben,
was das Kind isst, als dafür, wer es ist. Wenn das Kind schon einmal ihr »Projekt« gewesen ist, besteht kein Anlass zu hoffen, dass
es sich beim zweiten Mal besser fügt.

Entscheiden sich Eltern aus unterschiedlichen Gründen, der
Monomanie des Kindes ein Ende zu setzen, macht es sich bezahlt,
folgende Spielregeln zu beherzigen:

Teilen Sie Ihrem Kind Ihre Entscheidung mit Ernst und Freund-
lichkeit mit und übernehmen Sie die Verantwortung für die gegenwärtige und zukünftige Situation. Es kann z. B. so klingen: »Hör
mal, Tobias. Wir haben uns jetzt lange genug angeschaut, wie du
zwei Monate lang jeden Tag Fleischklößchen gegessen hast, weil
es dir am besten schmeckt und weil wir dir gern etwas zu essen
geben wollen, das du magst. Jetzt machen wir uns aber Sorgen, ob
sich dein Körper richtig entwickelt, so dass wir es nicht mehr länger mitmachen. Wir haben keine Lust, dich zu zwingen, etwas
anderes zu essen. Aber ab Montag musst du entweder das essen,
was wir anderen auch essen, oder selbst einen Vorschlag machen.«
Wenn Tobias nicht unmittelbar reagiert, können die Eltern ihn
dazu einladen: »Was hältst du davon, Tobias?« Ganz gleich, ob er
sich darüber ärgert, sauer ist oder wütend wird, ist es wichtig, dass
seiner Reaktion erlaubt wird, unwidersprochen zu bleiben, und
nicht erklärt oder »wegpädagogisiert« wird (Nach dem Motto: *Es
ist nur zu deinem Besten* oder *Du musst doch auch verstehen, dass …*).
Wenn es angebracht erscheint, ihm eine Antwort zu geben, kann
man z. B. sagen: »Okay, ich habe auch nicht damit gerechnet, dass
du dich über unsere Entscheidung freust, aber so ist es nun einmal.«

- Halten Sie Wort und tun Sie, was Sie angekündigt haben. Bieten Sie ihm an, was auf dem Tisch steht. Oder laden Sie ihn ein,

etwas anderes vorzuschlagen – vor oder während der Mahlzeit.

- Wenn er sich weigert zu essen, müssen Sie es hinnehmen, ohne ihn zu nötigen oder zu kritisieren.
- Unterlassen Sie es, »so zu tun, als ob« Sie ihn nicht beachteten oder ihn bewusst zu ignorierten. Er ist nach wie vor ein vollwertiges Mitglied der Familie – nur eins, das vorübergehend nichts isst. Bieten Sie ihm das Essen einmal an und beziehen Sie ihn ansonsten genauso in die Gespräche und Diskussionen ein wie die übrigen um den Tisch Versammelten.
- Wenn er eines schönen Tages anfängt, gemeinsam mit der Familie zu essen, ist es selbstverständlich gestattet, ihm die aufrichtige Freunde und Erleichterung mitzuteilen. Aber unterlassen Sie es, einen großen Wirbel darum zu machen oder humoristische/ironische/sarkastische/selbstgerechte Kommentare abzugeben. Das stellt ihn nur auf unangenehme Weise von neuem in den Mittelpunkt mit der Folge, dass ihm entweder der Appetit vergeht oder die Lust, mit Ihnen zusammen zu sein – oder beides.

Manche Ratgeber würden ergänzend hinzufügen, dass die Eltern in dieser Phase den kleinen Imbiss für zwischendurch kontrollieren sollten – wann er gegessen wird und woraus er besteht. Diese Meinung teile ich nicht, weil es entweder die ganze Problemstellung darauf reduziert, als drehe sich alles nur um Essen und Appetit, oder eine ungesunde Kleinkrämer-Mentalität in die Familie einführt. So wird das eigentliche Ziel verfehlt: dass *das Kind* eine konstruktivere Verantwortung übernimmt für seine eigene Ernährung als Folge, dass die Eltern die Verantwortung für ihre Einstellung übernommen haben.

Aber – werden einige einwenden – ist die Verantwortung nicht zu groß, um sie einem vier bis fünf Jahre alten Kind zu überlassen? Und ist es nicht gerade Sinn der Sache, dass die Ernährung kleiner Kinder in der Verantwortung der Erwachsenen liegt? Ja, wenn alles andere nach Plan läuft. Nun aber ist der Fall eingetreten, dass das Kind bereits die Verantwortung dafür übernommen *hat,* was es zu sich nimmt. Es steht doch schon vor den Eltern und sagt: »Ich esse nur Spagetti mit Hacksoße, und damit basta!« Haben Menschen erst einmal die persönliche Verantwortung[1] für das eigene Leben übernommen, kann man sie ihnen nur mit Gewalt und durch Unterdrückung wieder entziehen. Da ich keine dieser Möglichkeiten befürworte, halte ich es für angebracht, dass das Kind lernt, seine Verantwortung in einer differenzierteren und weniger selbstzerstörerischen Weise zu verwalten. Es dauert nur ca. fünf Jahre, bis das Kind es ohnehin lernen wird und nicht zuletzt wegen des brennenden Wunsches der Eltern, dass das Kind es lernen möge!

Es kommt vor, dass Kinder ihre Eltern schachmatt setzen. Nicht weil sie es darauf anlegten, sondern weil sie genau wie die Eltern ihr Leben so gut leben müssen, wie sie können. Bisweilen sind unsere Wege für geraume Zeit unergründlich, zweckwidrig und selbstzerstörerisch. Doch es annulliert nicht unseren Anspruch auf den Respekt des Umfelds. In kleinen Köpfen gehen oft große Dinge vor, die wir nicht verstehen können und für die wir nie eine Erklärung bekommen werden, aber einfach so persönlich und liebevoll angenommen werden müssen, wie wir irgend können.

Hilfe! Mein Kind isst nichts

Es gibt Säuglinge und besonders die kleinsten Babys sind es, die ganz buchstäblich nichts essen oder willentlich erbrechen. Dann braucht die Familie Hilfe! Handelt es sich um größere Kinder, sprechen wir von Anorexie oder nervöser Essstörung, die einen ernst zu nehmenden, lebensbedrohlichen Zustand darstellt und akute und langfristige therapeutische Hilfe für Kind und Eltern erfordert. Dieser Zustand ist mit zwei anderen so genannten Essstörungen verwandt: mit der Bulimie – das Kind oder der Teenager stopft sich

---

[1] Siehe z. B.: »Das kompetente Kind«

zeitweise mit Essen voll und zwingt sich anschließend zum Erbrechen, und mit der »Fresssucht« (Hyperphagie) – das Kind bekommt sehr starkes Übergewicht. Bei Essstörungen geht es meiner Erfahrung nach nie um das Verhältnis des Kindes zum Essen, sondern um sein Verhältnis zu sich selbst, zu seinen Angehörigen und zum Leben an sich.

Die Meinung der Gelehrten über die Ursachen und Behandlungsmethoden dieser Essstörungen gehen auseinander. Man tut also gut daran, die verschiedenen Möglichkeiten zu untersuchen, wenn die akute Phase überstanden ist. Passende Informationen findet man im Internet und in unterschiedlichen Ratgebern und Büchern. Das Buch der dänischen Psychologin Tove Hvid »Spiseforstyrrelser og livsappetit«, (Modtryk 1996) ist eines der besten Werke für Eltern, das ich kenne.

Mit der Behauptung ihr Kind »esse nichts«, meinen Eltern zum Glück meistens »fast nichts« und nicht allzu selten »sehr viel weniger, als es unserer Meinung nach essen sollte«. Entscheidend ist nicht, wie viel das einzelne Kind isst, sondern ob es wächst, sich normal entwickelt und wie viel Lust es auf das Leben hat. Bei Ersterem kann es Eltern eine Hilfe sein, von einer Mitarbeiterin der Gesundheitsbehörde oder einem Arzt eine Einschätzung vornehmen zu lassen. Wogegen sich Letzteres – Energie und Lebenslust – schwerer beurteilen lässt.

Die Eltern müssen sich selbstverständlich vor allem auf ihr eigenes Empfinden verlassen. Es ist jedoch auch wichtig, die Meinung anderer zu hören. Fragen Sie die Pädagogen, Lehrer, Freunde und die Familie. Lassen Sie deren Einschätzungen gleichberechtigt in ihre Beobachtungen einfließen. Wenn man einem Menschen sehr nahe steht wie Eltern ihren Kindern, dann sieht man das Positive und Negative zur gleichen Zeit. Als Eltern neigen wir dazu, Details zu fokussieren, und verlieren ab und zu den Sinn für Proportionen und den allgemeinen Überblick. »Liebe macht blind« sagt ein altes Sprichwort. Und es hat etwas Romantisches, wenn wir über Liebe reden. Es ist aber alles andere als romantisch, wenn die Liebe uns blind macht für bestimmte Seiten im Leben unserer Kinder. Sie sind darauf angewiesen, dass wir diese sehen und auf sie reagieren – auch wenn die unter Anorexie oder Bulimie Leidenden alles in ihrer Macht stehende tun, um ihre Erkrankung geheim zu halten.

Andere Kinder, andere Essgewohnheiten. Einige Kinder essen viel, manche wenig. Einige werden groß und kräftig, haben einen starken Knochenbau und eine kräftige Muskulatur. Andere bleiben klein, zartgliedrig und schmächtig. Nach meiner Erfahrung haben Eltern, die sich sehr viel Gedanken machen, dass ihr Kind »nichts« isst, eine schlechte Ausgangsposition. Mit »schlecht« meine ich, dass sie aus unterschiedlichen, guten Gründen die Hauptaspekte ihrer Energie, Aufmerksamkeit, Fürsorge und Liebe darauf konzentriert haben, dass ihr Kind genug zu essen bekommt. Nicht einfach nur genug, sondern das »Richtige« und davon gern reichlich.

Viele gute Gründe lassen sich für eine solche Einstellung anführen. Es kann sich dabei um eine Flüchtlingsfamilie handeln, die Monate lang mit so gut wie nichts überleben musste, als die Kinder klein waren oder die Mutter schwanger war. Für sie ist Essen in reichlichen Mengen deshalb zu einem Symbol für Sicherheit und Geborgenheit geworden. Es kann um eine junge, verunsicherte Mutter gehen, die eine beiläufige Bemerkung des Arztes oder der Mitarbeiterin der Gesundheitsbehörde missverstanden oder überinterpretiert hat. Es kann sich um zwei übergewichtige Eltern drehen, deren Auffassung von Lebensqualität in reichlich fettem Essen mit einer ordentlichen Portion Soße besteht, in der die Kartoffeln festkleben. Es kann bei einer erwachsenen Mutter vorkommen, die als Kind adoptiert wurde und durch die Ernährung ihres eigenen Kindes plötzlich mit ihrer Kindheit im Heim konfrontiert wird, wo man sich um das Essen prügeln musste. Es kann bei ganz durchschnittlichen Eltern auftreten, die sich so sehr auf die Gesundheit versteift haben, dass es ungesunde Ausmaße angenommen hat. Es können Eltern sein, denen die Behörden mit zu großem Gewicht auf konkrete Fürsorge und zu wenig Gewicht auf der emotionalen Ebene versucht haben, Hilfestellung zu leisten. Es kann sich um eine unsichere und einsame Mutter handeln, die sich am wertvollsten fühlt, wenn sie ihr Kind füttert.

Es können selbstverständlich eine Vielzahl anderer Gründe vorliegen, aus denen Eltern ein gestörtes Verhältnis zum Bedürfnis des Kindes nach Essen entwickeln. Aber gemeinsam ist ihnen allen, dass sie gute Gründe dafür haben und so schnell wie möglich damit aufhören müssen. Nicht nur mit Blick auf die physische Ernährung des Kindes, sondern vor allem, weil die ständige Sorge sich schädlich auf das Selbstwertgefühl und die Lebensenergie des Kindes auswirkt. Folglich besteht bei der unbegründeten Sorge der Eltern die Gefahr, dass sie sich zu einer sich selbst erfüllenden Prophezeiung auswächst und sich das Kind am Ende ungesund entwickelt.

Es ist nicht allzu ungewöhnlich, dass Eltern einen Bereich im Leben des Kindes wählen, dem sie besonders viel Aufmerksamkeit schenken. Für einige sind es die Schule und die Hausaufgaben. Andere konzentrieren sich auf die Wahl der Freunde des Kindes oder die Teilnahme an Festen. Für manche ist es die religiöse Zugehörigkeit und für andere der Zugang zu Kunst und Kultur. Diese Fokussierung auf ein einzelnes Gebiet ist – wenn nicht das reinste Lotteriespiel – so doch eine haarfeine Gratwanderung, die sich einige Jahre später sehr leicht rächen kann.

In der Praxis reagieren Kinder auf zwei unterschiedliche Arten, wenn ein oder beide Elternteile sich die ganze Zeit darüber Sorgen machen, wie viel die Kinder essen. Die eine Gruppe von Kindern kooperiert in der Situation so, dass sie sich der Forderung, größere Mengen zu essen, beugt, um die sich sorgende Mutter glücklich zu machen. Viele aus dieser Gruppe bekommen Übergewicht (es gibt noch viele andere Ursachen für Übergewicht). Die zweite Gruppe kooperiert im umgekehrten Sinn, sie nimmt immer weniger zu sich. Viele dieser Kinder essen außerhalb der Familie normal und haben ein normales Gewicht.

Kinder reagieren mit diesem Verhalten auf die Art der Eltern, Liebe und Fürsorge zu zeigen – ganz gleich, wie zweckmäßig diese Anstrengung der Eltern sein mag. Ungefähr die Hälfte der Kinder benimmt sich so, als würden sie denken: »Okay, das hier ist nicht angenehm für mich, aber ich kann ja sehen, dass meine Eltern mich lieben, und wenn das der Weg ist, wie sie es zeigen können, dann muss ich es eben so annehmen.« Die andere Hälfte reagiert so, als würden sie denken: »Ich kann sehen, sie lieben mich, aber ich kann es nicht *spüren*. Das muss ich versuchen, ihnen zu sagen, damit sie es anders machen.«

Sind Eltern nicht aufmerksam oder nicht in der Lage, bestimmte Dinge zu ändern, ruft dies bei den Kindern beider Gruppen Zweifel an deren eigenem Wert als Menschen hervor. Nicht weil die Liebe eine falsche Form angenommen hätte, sondern weil Kinder absolutes Vertrauen zu ihren Eltern haben. Deshalb kommen sie immer zu dem Schluss, sie müssten den Fehler bei sich suchen, sobald etwas nicht stimmt. Es ist in vielerlei Hinsicht tragisch, dass Eltern, die so viel in das Wohl ihrer Kinder investieren, sich so sehr die Finger verbrennen. Aber es ist ein Faktum.

Es gibt tatsächlich Kinder, die auch nach objektiven Maßstäben nicht genug essen und denen es deshalb schlecht geht – oder denen es schlecht geht und die deshalb nicht genug essen. Das sicherste Anzeichen ist, dass ihr Lebenshunger und ihre Vitalität ebenfalls weit zurückgegangen sind. Folglich umfasst ihr Gefühlsrepertoire keine besonders große Bandbreite. Sie erreichen mit ihrem Lächeln, Weinen, mit ihrer Frustration nie »die letzte Taste auf der Klaviatur der Gefühle« und ergreifen nicht sehr oft die Initiative zum Spielen, zum Festefeiern und Raufen mit anderen Kindern.

Es kann für Eltern wie für ihr Umfeld schwer zu unterscheiden sein, was am Anfang stand: allgemeines Unbehagen oder mangelnder Appetit. Deshalb könnte folgende Checkliste eine Hilfe sein:

- Beziehen Sie Ihr Netzwerk in Form von Freunden, Familie, Pädagogen und dergleichen ein. Fragen Sie nach deren Beobachtungen und Vorschlägen. Besteht ein echtes Problem oder sind Sie es nur selbst, die sich zu sehr darauf konzentriert haben? Wenn etwas darauf hindeutet, dass sich das Kind im Allgemeinen nicht wohl fühlt:
- Untersuchen Sie Ihr eigenes Verhalten gegenüber dem Essen des Kindes etwas kritischer. Häufig verhält es sich so, dass Eltern von

Anfang an in diesem Punkt geteilter Meinung gewesen sind. Deshalb kann es nützlich sein, der Person zuzuhören, die nicht den Alltag regelt.

- Wann begann es? Was geschah zu der Zeit in der Familie außerdem noch? Viele Konflikte, Scheidung, Todesfall, Umzug, Krankheit, Arbeitslosigkeit oder etwas anderes, das Kinder wie Erwachsene schwer allein verarbeiten konnten.
- Geben Sie sich und dem Kind ein paar Wochen Zeit, in denen Sie sich nicht so sehr darauf konzentrieren, wie viel oder wie häufig das Kind isst. Teilen Sie eventuell ihre Sorge mit ihrem Partner/ihrer Partnerin, aber nicht mit dem Kind.
- Verbringen Sie so viel Zeit wie möglich mit dem Kind. Nicht, um es nach seinen Problemen zu befragen, sondern um über das Zusammensein womöglich auf andere Weise als im Alltag auf manches aufmerksam zu werden.
- Beobachten Sie sich selbst und als Paar gründlich. Ist einer von Ihnen dabei, der oder die nur auf Sparflamme lebt, dem oder der die Vitalität fehlt oder der oder die nur mit halber Kraft fährt? Oder ist das Zusammenleben zur langweiligen Routine um der Aufrechterhaltung der Familie willen verkümmert?
- Neigt das Kind eher dazu, z. B. im Kindergarten zu essen? Dann finden Sie heraus, was der Kindergarten richtig macht. Fragen Sie auch ruhig das Kind, worin der Unterschied besteht. Aber gehen Sie mit sachlichem Interesse vor und nicht mit egozentrischem Gejammer.
- Wenn im Verlauf von zwei bis drei Monaten keiner der Ratschläge geholfen hat, nehmen Sie professionelle Hilfe von einem Pädagogen, Lehrer, Arzt, Schulpsychologen oder einer anderen erfahrenen Person Ihres Vertrauens in Anspruch. Wenn ein Kind sich in seiner Familie nicht wohl fühlt, dann fühlen sich alle in der Familie unwohl.

Der Appetit aller Kinder schwankt von Zeit zu Zeit. Es gibt Phasen, in denen ihr Organismus viel Nahrung braucht, und andere, in denen er mit weniger auskommt. Normale, muntere und gesunde

Kinder können leicht bei vielen Mahlzeiten hintereinander vergessen, ihren Teller leer zu essen, wenn sie mit Spielen, ihren Freunden oder Klausurvorbereitungen beschäftigt sind. Bieten Sie ihnen zwischendurch etwas zu essen an, aber vermeiden Sie Ermahnungen und schlafen Sie ruhig. Die Kinder werden daran nicht sterben.

Wenn ein großes Kind zwischen elf und zwölf und achtzehn und neunzehn Jahren über einen längeren Zeitraum sehr wenig isst und zugleich glaubt, es sei zu dick, und wenn es extrem viel Sport treibt, ist erhöhte Aufmerksamkeit geboten. Möglicherweise ist es der Beginn einer Anorexie, die man im letzten Moment noch verhindern kann. Der Weg, auf dem dies geschehen soll, ist *niemals* die Ermahnung zu essen. Hingegen kann es angebracht sein, sich mit dem Kind zusammen zu setzen und einfach zu sagen: »Hör mal, mein Schatz – mir ist aufgefallen, dass du fast nichts mehr isst, und du bist auch dünner geworden, als du meiner Meinung nach sein solltest. Ich werde versuchen, dich nicht zum Essen zu zwingen, weil ich weiß, dass dich etwas anderes quält. Aber ich möchte gern wissen, ob wir etwas für dich tun können? Ob es etwas gibt, worüber wir reden müssen?«

Man darf nicht damit rechnen, in dieser Situation eine direkte Antwort auf seine Frage zu bekommen. Doch bisweilen kommt es vor, dass sich das Kind – direkt oder indirekt – in der darauf folgenden Zeit öffnet und allmählich wieder Appetit entwickelt und zu seinen Lebensmut zurück findet. Äußern sich Jugendliche bei der Gelegenheit darüber, was in ihnen vorgeht, hört es sich oft so an, als seien sie von einer fixen Idee besessen, an der sie dumm und starrköpfig festhalten. Ich kann garantieren, dass die Mädchen und Jungen, die an Anorexie erkranken oder eine andere Essstörung bekommen, sich immer mit ernsthaften, existentiellen Fragen und Problemen herumschlagen, die auf jeden Fall ernst genommen werden müssen – sofern man sich denn überhaupt qualifizieren kann, von den Jugendlichen mit einbezogen zu werden.

Mein Kind will kein Gemüse essen

Viele Eltern erleben kurze oder längere Phasen, in denen ihre Kinder sich weigern, z. B. Gemüse, Roggenbrot oder andere Produkte zu essen, die unserer Ansicht ein natürlicher und notwendiger Bestandteil des Essens sind. Die Ursache kann in der Regel innerhalb der folgenden Kategorien zu finden sein:

- Möglicherweise mag das Kind einfach den Geschmack von einigen Gemüsesorten nicht und lehnt sie deshalb ab.
- Einige Eltern verwandeln sich geradezu in Marketingmanager, wenn sie Nahrungsmittel schmackhaft machen wollen, die nach Meinung von Autoritäten alle essen sollten. Es ist nicht angenehm, mit so einem Super-Marketingmanager an einem Tisch zu sitzen. Ich glaube, viele Erwachsene haben Ähnliches bei Freunden oder in der Familie erlebt, die von dem einen oder anderen Produkt, einem Gericht oder einer Zubereitungsart so begeistert waren, dass noch nicht einmal die eigenen Ansichten oder Geschmackserlebnisse Platz am Tisch hatten.
- Andere machen sich Sorgen und üben Druck aus, wenn das Kind es die ersten Male ablehnt, z. B. die Gemüsesorten zu essen, die gerade auf dem Tisch stehen, und veranstalten eine große pädagogische Lehrstunde, warum man Gemüse essen *soll*. Für jede Form von Erziehung und Pädagogik gilt, dass man schnell in die Defensive gerät, wenn man eine Offensive startet.
- Wiederum andere Eltern geben sich so viel Mühe, ihren Kindern gesunde Essgewohnheiten beizubringen, dass ihre Anstrengungen von Anfang an in Egozentrismus umschlagen. Ein gesundes Kind gilt ihnen selbst als Beweis, gute und taugliche Eltern zu sein. Experten können sich erlauben, sich in allgemeinen und statistischen Äußerungen über Kinder auszulassen. Eltern aber müssen auf das Individuum reagieren, wenn sie wollen, dass sich ein guter Kontakt entwickelt.
- Gemüse kann auf vielerlei Weise zubereitet werden. Für gewöhnlich haben wir es zu lange kochen lassen. Aber selbst Gemüse, das seine Farbe und Konsistenz bewahrt hat, entspricht dem

Geschmack vieler Kinder nicht. Sie wollen es gern roh essen und vielleicht eine Zeit lang lieber zwischen den Mahlzeiten denn als Beilage zum Abendessen.

- Womöglich besteht ein ganz anderer Konflikt, einer zwischen dem Vater und der Mutter, den das Kind in dieser Form nach außen trägt. Da schließlich hier das Kind hartnäckig auf einem Sonderstandpunkt beharrt, kann man in der übrigen Zeit mit dem Kind vielleicht auf Bereiche achten, in die man es mehr einbeziehen kann. Oder vielleicht »bestimmt« das Kind im Voraus allzu sehr?

Gemüse ist nun einmal ein wichtiger Bestandteil unserer Ernährung und ein Genuss für das Auge – im Unterschied zu Roggenbrot z. B., das der größte Teil der Erdbevölkerung nicht einmal kennt.

Ich erinnere hier wieder an meinen Grundsatz: Es liegt in der Verantwortung der Eltern, sich um die Ernährung der Familie, das Verhältnis zum Kind und die Stimmung und das gute Klima rund um die Mahlzeiten zu kümmern. Die Antwort lautet deshalb: Lassen Sie sich nicht aus der Ruhe bringen, akzeptieren Sie, dass das Kind eine Zeit lang kein Gemüse essen will, und machen Sie es nicht bei jeder Mahlzeit wieder zum Thema. Und kein Betrügen, Überreden und Belohnen!

Es ist wichtig, dem Kind klar zu machen, welchen Standpunkt man vertritt. Aber tun Sie es in freundlichem und persönlichem Ton – z. B.: »Ich wünschte, dir würde Gemüse schmecken – bloß einige Sorten!« Es spricht nichts dagegen, es in (großen!) Abständen wieder zur Sprache zu bringen. Doch Sie erreichen das Gegenteil, wenn Sie dem Kind jeden Tag damit in den Ohren liegen. Wie lange es dauert, bis das Kind von selbst Gemüse auf seinen Speiseplan setzt, hängt zum Teil aber auch davon ab, wie alles begann. In einigen Familien vergehen einige Monate, in anderen Jahre. Wenn es sehr lange dauert oder die Eltern sich sehr große Sorgen machen, kann man gut beraten sein, einmal in Zusammenarbeit mit einem Arzt zu überprüfen, ob dem Kind etwas fehlt, ob es sich physisch normal entwickelt und viel Energie hat.

Im Allgemeinen halte ich es für eine schlechte Idee, wenn Eltern in dieser Situation viel Wirbel darum machen und auf die Tagesstätten, Großeltern oder die Eltern der Freunde einwirken, um auf die kleinen Sonderwünsche des Kindes Rücksicht zu nehmen. Ich halte die Idee für besser, das Kind auf die Welt treffen zu lassen, wie sie ist, und vielleicht wird es dadurch gewappnet, ihr mit Würde zu begegnen: »Nein, danke. Ich esse nie Gemüse. Ich mag es nicht.«

Lassen Sie mich dieses Thema nutzen, um Sie auf die unterschiedlichen Möglichkeiten aufmerksam zu machen, wie man aktiv die Verantwortung für die Stimmung und das gute Klima bei den Mahlzeiten tragen oder wie man »um des lieben Friedens willen den Mund halten« kann. Ersteres sorgt für eine fruchtbare Atmosphäre in der Familie. Letzteres ist hingegen bloß eine andere Form von Kampf, die die schlechte Stimmung unter der Oberfläche hält. Die Tatsache, dass Kinder bestimmte Dinge nicht essen wollen, ist *kein* Anlass für einen Machtkampf. Entwickelt es sich zu einem Machtkampf, dann nur, weil die Eltern es so weit kommen lassen, und deshalb können sie ihn auch beenden.

Andere Kinder mögen kein Fleisch, keinen Fisch, keine Soße oder etwas ganz anderes nicht. Es ist nur dann ein Problem, wenn die Eltern beschließen, ein Problem daraus zu machen. Kinder und Jugendliche gleichen in jeder Hinsicht den Erwachsenen in der Zeit und Kultur, in der sie aufwachsen. Und unsere Kultur hat derzeit nichts dagegen einzuwenden, dass man nur das isst, was einem gut schmeckt. Wenn folglich zwei Liebende etwas Unterschiedliches essen, dann haben wir überraschender Weise gelernt, dass Liebe aus diesem Grund nicht stirbt.

Ein berühmter dänischer Dichter hatte immer einen kleinen Stempel in der Westentasche, den er in den Restaurants auf die Speisekarten drückte. Dort stand dann zu lesen: »Keine Kresse, bitte!« Schenken Sie Ihrem Kind zu Weihnachten auch einen Stempel, damit man auch etwas Spaß an der Sache hat!

Die Kinder zanken sich immer am Tisch

Es hat sich einiges verändert seit den 20er Jahren, als die Frauen des Bürgertums dafür Sorge zu tragen hatten, dass kleine Kinder im Bett lagen, bevor der Herr des Hauses zum Essen heim kam. Man war nicht der Ansicht, dass dem Ernährer der Familie zugemutet werden konnte, die Hauptmahlzeit des Tages in Gesellschaft von lärmenden Kindern einzunehmen. Heute haben Frauen und Kinder am Tisch ein Wort mitzureden, und Konflikte in der Familie sind nicht mehr so stark mit einem Tabu belegt.

Folglich mussten wir u. a. im Lauf der letzten Generation lernen, einerseits unsere wechselseitigen Konflikte auf einer nicht allzu rücksichtslosen Weise auszutragen und andererseits Lösungswege zu finden, die sicherstellen, dass nicht immer die gleiche Person gewinnt bzw. verliert. Im Allgemeinen sind wir in dieser Entwicklung ein gutes Stück vorangekommen. Doch viele von uns sind noch weit vom Ziel entfernt.

Viele Eltern geben zu schnell auf und versuchen stattdessen, Konflikte zu umgehen oder ihnen auszuweichen. Andere schweigen erst, greifen dann aber zu roher Gewalt, wenn sie der Meinung sind, das Maß sei jetzt voll. Kinder sind von Anfang an anders. Für sie sind wechselseitige Konflikte ein natürlicher Bestandteil der Gemeinschaft und was auch immer wir wollen oder nicht wollen, sie müssen in Abständen ihr Revier markieren und ihre wechselseitige Hierarchie etablieren. Nur einer aus der Gruppe kann Robin Hood, den Vater in der Familie oder Franz Beckenbauer spielen.

Folglich muss man in den meisten Familien mit zwei oder mehr Kindern auf eine bestimmte Anzahl von tagtäglichen Konflikten gefasst sein. Je weniger Gelegenheit die Kinder haben, zu Hause, unterwegs oder im Wald Zeit miteinander zu verbringen, desto höher ist die Konfliktbereitschaft. Dass die Kinder einen Teil dieser Konflikte austragen, wenn die Familie sich um den Esstisch versammelt hat, können die Eltern ruhig als Ausgangspunkt für eine Vertrauenserklärung auffassen. Probieren Sie es nur zwei, drei Mal aus, die Kinder einen Konflikt ganz bis zum Schluss austragen zu lassen, ohne dass Erwachsene eingreifen. Und beobachten Sie, wie es ausgeht. Sie werden wahrscheinlich eine angenehme Überraschung erleben.

»Ihr sollt einander anständig behandeln!«, sagen die Eltern. Damit haben sie auch Recht, wenn wir bloß nicht vergessen würden, dass es bestenfalls den Großteil der Kindheit dauert, es zu lernen. Und Kinder lernen es auch tatsächlich vor allem nicht durch Belehrungen seitens der Erwachsenen, sondern von der Art, wie die Erwachsenen *sie* und *einander* bei großen und kleinen Konflikten in der Familie behandeln.

Das beste Mittel, um die Anzahl der Konflikte bei den Mahlzeiten auf ein erträgliches Maß zu reduzieren, besteht nach meiner Erfahrung darin, sich darauf zu konzentrieren, leckeres, gut zubereitetes Essen mit Freude und Genuss zu servieren. Das ist wichtiger als ein Ausschlachten der Situation für pädagogische Zwecke. Außerdem es ist große Energieverschwendung, herauszufinden, wer jetzt an der Reihe ist, was zu tun. Großzügigkeit und Generosität sind wichtige Eigenschaften, die Kinder ebenfalls in erster Linie zu Hause lernen. Die endlose Jagd nach Gerechtigkeit ist vergebliche Liebesmüh und begleitet von Selbstgerechtigkeit der sicherste Weg, die Stimmung zu verderben.

Kinder unter zehn, zwölf Jahren drücken sich untereinander selten abstrakt und philosophisch aus, auch wenn sie viel philosophieren. Sie handeln und äußern sich spontan aus der Situation heraus. Deshalb verrät ihr Kommentar zu den Konflikten mit den anderen Geschwistern eine Menge darüber, wer sie gerade jetzt – heute – sind. Diese Information würden Eltern nur unter Schwierigkeiten auf anderen Wegen bekommen. Es handelt sich fast immer um indirekte Information, die uns erst auf die Spur bringt, dass sie einen schweren Tag in der Schule hatten, dass er oder sie einen Freund hat und Ähnliches mehr. So etwas erfährt man nicht durch das routinemäßige Interview beim Abholen oder Zubettbringen. Daher ist es wichtig, dass die Erwachsenen sich Zeit lassen und Raum schaffen für die Entfaltung spontanen Lebens und sich nicht durch den Traum von der perfekten Mahlzeit unter Druck setzen lassen.

Das Verhalten der Geschwister untereinander ist zu unterschiedlich, als dass man es auf eine Formel bringen könnte. Einige Geschwister gehen 99% der Zeit miteinander liebevoll, schonend und humorvoll um. Andere sind in Kampfesstimmung, sobald sie sich zusammen in einem Zimmer aufhalten. Selten haben sie selbst eine plausible Erklärung dafür und meistens müssen auch die Eltern mit diesem Rätsel und einer gewissen Verwunderung darüber leben. Auf der anderen Seite gibt es Familien, in denen einfach zu viele Konflikte auftreten und wo die Geschwister einander so schlecht behandeln, dass dem ein Ende gemacht werden muss.

Zwei gangbare Wege will ich hier vorstellen. Zunächst versucht man es mit dem einen, und wenn der nicht weiterhilft, dann mit dem anderen.

Der erste Weg besteht darin, den Kindern möglichst keine gewaltige Standpauke mit großem Tschingerassabum zu verpassen! Wenn die Disziplinierung wirken soll, sollte sie spontan und direkt von Herzen kommen, ohne erhobenen pädagogischen Zeigefinger, und sie braucht keine Drohungen zu enthalten. Viele moderne Eltern haben Angst, »einmal Dampf abzulassen«. Das finde ich schade.

Je mehr Zeit Kinder in pädagogischen Institutionen mit Fachpersonal verbringen, das sich ein professionelles, angemessenes und vernünftiges Auftreten zur Pflicht gemacht hat, desto mehr werden sie unter der falschen Vorstellung zu leiden haben, der Mensch sei ein rationales und vernünftiges Wesen. Es ist ein hartes Stück Arbeit für eine gesunde Kinderseele, diesen Vorbildern entsprechend zu leben (und es gilt auch auf die Erwachsenen in den Institutionen). So sind das Zuhause und die Familie zu den wenigen Freiräumen geworden, wo Kinder die Möglichkeit haben, mit Erwachsenen zusammen zu sein, die sich auch einmal trauen, die Selbstbeherrschung zu verlieren und die Maske fallen zu lassen. Kinder wissen genau, dass ihre eigenen Gefühle und Reaktionen irrational sind. Sie spüren es jeden Tag. Wenn sie keinem

Erwachsenen begegnen, der es wagt, das Gesicht zu verlieren, glauben sie am Ende, dass sie es sind, mit denen etwas nicht stimmt, wenn sie nicht immer vernünftig sein können.

Läuft das Fass dann ein oder mehrmals über, spricht nichts dagegen, ein Statement abzugeben etwa in Form von: »Jetzt habe ich aber genug! Ich habe die ewigen Prügeleien satt, jedes Mal wenn wir essen wollen, verdammt noch mal. Ich weiß nicht, was ihr gegeneinander habt oder wie ich euch helfen kann, aber jetzt will ich einfach nur, dass ihr damit aufhört! SOFORT! Ich weigere mich, mir mein Abendessen wieder mal ruinieren zu lassen!«[1]

Wenn Sie den Eindruck haben, es sei richtig, dann verlassen Sie den Tisch, wenn der Schlussstrich gezogen ist. Aber es ist keine gute Idee, die Kinder fortzuschicken. Im Lauf des Tages oder am nächsten Tag kann man die Situation in der Gemeinschaft von neuem aufgreifen und ein intelligenteres und gemeinsames Gespräch über die Sache führen.

Es liegt auf der Hand, dass eine flammende Rede ihre Wirkung verfehlt, wenn die Kinder sich jede Woche oder jeden Monat das Gleiche anhören müssen. Zeigt auch das anschließende Gespräch keine rechte Wirkung, müssen die Erwachsenen einen anderen Weg einschlagen.

Der andere Weg besteht darin, dass die Erwachsenen – ohne die Kinder, aber gern gemeinsam mit anderen Erwachsenen – versuchen, etwas systematischer zu Werke zu gehen. Folgende Punkte können als eine Art Wegweiser dienen:
- Wann hat es eigentlich angefangen und was war damals geschehen?
- Wie hat doch gleich der/die Große reagiert, als der/die Kleine geboren wurde, und was haben wir unternommen, um ihm/ihr zu helfen?[2]

[1] Der Unterschied zwischen »ausschimpfen« und »ausschelten« ist eingehend beschrieben in »Grenzen, Nähe, Respekt. Wie Eltern und Kinder sich finden«, Reinbek 2000, S. 52 ff.
[2] Siehe z. B. nach unter dem Stichwort »Eifersucht unter Geschwistern« in Mogens A. Lund u. a., »Handbuch für das Familienleben«, 2000

- Wie oft haben wir selbst die Kinder zurechtgewiesen, ehe diese Sache hier zum Problem wurde?
- Wie sprechen wir miteinander, wenn wir nicht einer Meinung sind?
- Haben wir noch weitere Konflikte auf Lager, die wir uns nicht trauen, auf den Tisch zu legen?
- Ist bei den Kindern ein ernstes Problem beteiligt, bei dessen Klärung wir ihnen helfen sollten?
- Sollten die Kultur und die Normen in unserer Familie einer Überprüfung bedürfen? Haben wir zu viel Gewicht auf Gleichheit und Gerechtigkeit gelegt? Oder auf buchstabengetreue Demokratie? Sind wir zu abgestumpft gewesen, um einzugreifen, als noch Zeit war?

Was geschehen soll, hängt selbstverständlich von dem Ergebnis ab, zu dem die Eltern bei ihren Überlegungen kommen. Doch im Allgemeinen ist es angebracht, mit den Kindern darüber zu reden und sie in den Veränderungsprozess einzubeziehen.

Es kommt vor, dass kein Mittel hilft. Dann muss man der Tatsache ins Auge blicken, dass man nun einmal diese Familie hat, wie sie ist. Sie reagiert nicht so, wie man es sich vorgestellt hat. Aber sie reagiert so, wie sie es eben tut! Häufig ist es eine bittere und traurige Erkenntnis für die Eltern. Sie beugt jedoch dem Fall vor, dass man in Form von Vorwürfen und Schuldzuweisungen entweder unter den Erwachsenen oder gegenüber den Kindern noch mehr Öl ins Feuer gießt. Der optimistische Aspekt daran jedoch ist, dass unser Leben erst verändert werden kann, wenn wir uns trauen, den tatsächlichen, gegenwärtigen Zustand zu erkennen. Wenn wir die ganze Zeit vor der Frustration weglaufen und der Veränderung nachjagen, tut sich selten etwas Konstruktives.

Teenager am Tisch

In unserer Kultur ist im Verlauf der letzten zwei Jahrzehnte der Übergang von der Kindheit zur Jugend um ein paar Jahre vorverlegt worden und liegt jetzt um das zehnte bis elfte Lebensjahr. Bereits um das achte Lebensjahr herum werden die Freunde wichtiger als das Zusammensein mit der Familie. Es bedeutet nicht, dass die Eltern und die Familie für das Kind an Bedeutung verlieren – weder hinsichtlich seiner Emotionen noch seiner Entwicklung, sondern »die Schule des Lebens« des Kindes bevölkern jetzt auch eine Menge andere Menschen. Es hat u. a. zur Folge, dass der Blick des Kindes auf die Familie und seine Eltern differenzierter wird und weniger idealisierend ist. Und die Eltern können nicht immer damit rechnen, den gleichen direkten und leicht zugänglichen Kontakt mit ihrem Sprössling aufrecht zu erhalten.

Ein paar Jahre später beginnt der junge Mensch eine meist etwas verworrene und chaotische Suche nach »sich selbst« und seinen eigenen Normen und Werten. Als Konsequenz werden ein Teil der Werte und Normen der Eltern, denen gegenüber er sich bisher loyal verhalten hat, auf den Kopf gestellt und einem Test unterzogen. Die Aufgabe der Eltern bleibt im Prinzip die ganze Zeit unverändert: ihren eigenen Werten treu bleiben und zugleich flexibel genug sein, um den jungen Menschen weiterhin als einen Teil der Gesellschaft zu betrachten und zu behandeln. Dennoch gibt es zwei Unterschiede. Der eine besteht darin, dass die Werte der Eltern stärker herausgefordert werden *können* als früher, und der andere, dass sie jetzt darauf gefasst sein müssen, per definitionem als »altmodisch« zu gelten. Auch das kann für beide Seiten einen Wert haben.

Im Allgemeinen hat die Entwicklung aus unserer Sicht auf die Kinder insofern Einfluss ausgeübt, als die notwendigen Konfrontationen zwischen den Jugendlichen und ihren Eltern weniger gewaltsam ausfallen, differenzierter ablaufen und von großer Offenheit auf beiden Seiten des Tisches geprägt sind. Die Jugendlichen von heute können über Dinge reden und mit großer Selbstverständlichkeit das aussprechen, was Jugendliche vor dreißig oder vierzig Jahren kaum laut zu sagen gewagt hätten. »Die Alten« hätten sie schon gleich gar nicht ins Vertrauen gezogen. Die Eltern von heute werden deshalb auch mit Gedanken, Erfahrungen und Verhandlungsgrundlagen konfrontiert, auf die zu reagieren sie im Lauf der Generationen nicht vorbereitet worden sind.

Folglich sitzen die Jugendlichen eine Reihe von Jahren mit am Tisch, ohne dass man anscheinend Kontakt zu ihnen bekommen kann, und entweder einfach nicht essen, wenn die gemeinsamen Mahlzeiten anstehen, oder bloß eine Portion in sich hineinschaufeln und die Gesellschaft wieder verlassen. Bei anderen Gelegenheiten nehmen sie plötzlich mit einer Aufmerksamkeit und Qualität teil, die die kühnsten Erwartungen der Eltern übersteigen und bestätigen, dass die Anstrengungen der vergangenen Jahre nicht vergeblich waren. Einige Jugendliche müssen sich ein Gefühl der Gleichwertigkeit und Freundschaft zu den Eltern erkämpfen, andere geben das Projekt ganz auf und manche können einfach plötzlich eines schönen Tages ein gleichwertiges Verhältnis zu den Eltern etablieren.

Ganz gleich wie es läuft, die Rolle der Eltern als Erzieher ist beendet.[1] Sie behalten weiterhin große Bedeutung als Basis und Vorbilder. Daher ist es wichtig, dass sie an ihren Werten auch bezüglich des Essens und der Mahlzeiten festhalten, damit der Jugendliche mit einem klaren Bild dessen in die Welt ziehen kann, was sein Zuhause ist und war. Dass diese Qualitäten realisiert werden, dauert es oft bis zur Gründung einer eigenen zukünftigen Familie.

In puncto Ernährung haben die meisten Jugendlichen zu diesem Zeitpunkt schon selbst das Ruder übernommen. Auch wenn es eine Unmenge an Junkfood und zuckergesättigten Softdrinks zur Folge haben sollte, können Eltern nicht allzu viel dagegen tun. Doch ein wenig korrigierend lässt sich eingreifen:

• Sie können an Ihren eigenen Qualitätsanforderungen an das

---

[1] Siehe z. B. »Das kompetente Kind«.

Essen festhalten, das in der Familie serviert wird. Und Sie können dafür sorgen, dass die gemeinsamen Mahlzeiten weiterhin ein angenehmes Erlebnis bleiben, wo die Anwesenheit des Jugendlichen geschätzt wird – auch wenn er oder sie als Zombie verkleidet oder mit zur Schau getragenem Widerwillen auftritt.

- Sie können ein ernstes Gespräch mit dem Jugendlichen darüber führen, was für einen Körper er gern haben möchte und welche Leistung dieser Körper bringen soll.

- Sie können den Brauch eines wöchentlichen oder monatlichen Abendessens einführen, zu dem sich die Familie versammelt und der Kontakt gepflegt wird.

In vielen Familien sähen es die Eltern gern, wenn die Kinder und Jugendlichen bei den praktischen Aufgaben um die Mahlzeiten mithelfen würden. Es ist eine schöne Tradition, die sich fortsetzen sollte, bis sie eines Tages von zu Hause ausziehen. Doch das vier Jahre alte Kind, das stolz beim Abwaschen half, hat sich nun häufig in einen vierzehnjährigen Teeny verwandelt, der solche Verrichtungen für ganz entschieden unter seiner Würde hält. Dagegen ist nichts einzuwenden! Den Abwasch kümmert die Laune des Tellerwäschers nicht, auch der Spüllappen überlebt es problemlos, wenn man ihn ohne Würde auswringt und der Abfalltüte ist es ohnehin völlig gleich, ob sie mit einem Lächeln oder mit sauertöpfischer Miene hinaus getragen wird.

Ebenso wenig tun sich Eltern selbst keinen Gefallen, wenn sie verlangen, die Pflichten des Jugendlichen sollten lustorientiert sein oder einem tieferen Verständnis für die Natur der Demokratie entspringen. Sie sollen einfach erfüllt werden – entweder weil die Notwendigkeit besteht oder weil die Eltern es so wollen. Jugendliche haben viele Interessen, und Haushalt fällt nur in Ausnahmefällen darunter. Es geht nicht um die Liebe des Jugendlichen zu den Eltern oder um die Loyalität gegenüber der Gemeinschaft, es sei denn, der Jugendliche sollte sich demnach von der Gemeinschaft betrogen fühlen. Es besteht aber nur selten Grund, es persönlich zu nehmen.

Einige Eltern sind in diesem Punkt ganz anderer Ansicht. Sie stellen es dem Jugendlichen lieber frei, seine Energie für das einzusetzen, wofür sie nach Meinung des Jugendlichen verwendet werden sollte, und übernehmen gern dafür die Verantwortung und die mit den Mahlzeiten verbundenen Aufgaben. In beiden Fällen verhalten sich die Eltern »richtig«, wenn sie es mit Freude und Überzeugung tun und weil sie entschieden haben, dass es so in ihrer Familie sein soll.

Selbst wenn sie mauern, gerade eine Pizza mit dem oder der Liebsten gegessen haben oder ganz abwesend wirken, sollte man sich von ihren Attitüden nicht irreführen lassen. Die Familie bedeutet ihnen nach wie vor viel. Sie fühlen sich genau wie zuvor weiterhin verantwortlich für das Wohlbefinden der Eltern. Selbst wenn eines Tages ihr Nabel von einem Schmuckstück plombiert ist oder sie mit einem Ring in der Nase aufwarten, durch den viele Eltern am liebsten einen Strick ziehen würden, sind Eltern und Geschwister als Basis, Referenzsystem und Sparringspartner von großer Bedeutung. Obwohl sie den Weg zu ihrer Individualität allein gehen müssen, brauchen sie ein Rückzugsgebiet, wo sie so geliebt werden wie sie sind. All das wissen sie selbst, können es aber nicht in Worte fassen. Man kann wohl behaupten, sie nehmen (mit gewissem Recht) den Rest der Familie eine Zeit lang als gegeben hin. Sie können sich sowohl durch die Geschwister als auch durch die Eltern unglaublich provoziert fühlen, aber das gehört eben dazu, wenn man eine Familie ist.

Die Mahlzeiten der Familie verändern in diesen Jahren ihren Charakter. Kleinere Geschwister bekommen mehr Platz am Tisch und die Eltern haben mehr Zeit und Aufmerksamkeit für sich und für den Partner übrig. Die gemeinsame tägliche (oder die gemeinsame wöchentliche) Mahlzeit markiert den Übergang zu einer neuen Phase im Familienleben. Dadurch wird es organischer – nahrhafter im doppelten Sinn des Wortes.

Sollte es vorkommen, dass die jungen Leute nicht Bescheid geben, keine Lust haben zu helfen, ständig am Essen oder am Koch bzw. an der Köchin herummäkeln und im Großen und Ganzen so tun, als seien das Essen und die Mahlzeiten in ihren Augen nicht von Bedeutung, so gibt es ein wirksames Gegenmittel. Kochen Sie ein paar Tage lang nicht! Fällt es Ihnen schwer, dann verbergen Sie es, und haben Sie den Kopf voller Vorwürfe, Kritik und Selbstgerechtigkeit, dann verlieren Sie kein Wort darüber. Sagen Sie statt dessen, wie Sie es haben wollen und wie nicht, z. B.: »Ich will mich nicht damit abfinden, dass ich kritisiert werde, weder für das Essen, das ich für euch koche, noch weil ich es koche. Ich will, dass ihr mich und das Essen mit Respekt behandelt – sonst habe ich keine Lust, Zeit und Energie dafür zu investieren!« (Keine langen Erklärungen oder Appelle an ihren Verstand.)

Nach meiner Erfahrung wird es nach einer solchen Standpauke sehr still und die Kinder bleiben die nächsten Tage merklich ruhiger. Bei all ihrer Bereitschaft zur Kooperation und ihrem Verantwortungsgefühl sind Kinder und Jugendliche doch auch auf sich selbst fixiert und brauchen manchmal eine klare Rückmeldung darüber, wer die Eltern sind und was sie erwarten. Darin sind mehr Vitamine enthalten als in endloser Nachsicht und nicht gesetzten Grenzen.

Hilfe! Mein Kind ist zu dick

Die alten Chinesen sagten, man solle sich niemals satt essen. Und viele Probleme der modernen Wohlfahrts- und Überflussgesellschaft deuten darauf hin, dass viel Weisheit in diesem Satz steckt. In unserem Teil der Erde bestand das Ziel der Eltern über viele Generationen gerade darin, dass sich ihre Kinder jeden Tag satt essen konnten. Dieser Wunsch ist auch nicht schwer zu verstehen. Seit die moderne Nahrungsmittelindustrie begann, unsere Sinne zum Narren zu halten, sich auf unsere Trägheit einzustellen und voller Mitgefühl mit Niedrigpreis-Angeboten zu locken, als wir behaupteten, wir hätten zu viel zu tun, um ein richtiges Essen zu kochen, ist Übergewicht unter Kindern wie Erwachsenen für viele Menschen und für die Staatskasse zu einem Problem geworden.

110

Wenn ein Kind Übergewicht bekommt, ist es auch meistens ein Problem für es selbst und für die Eltern. Nicht zu reden von den Gesundheitsproblemen, die langfristig womöglich auftreten können. Doch es ist auch ein soziales und psychisches Problem, durch das ein Kind sehr einsam und schrecklich hungrig werden kann.

Übergewicht und Fett haben viele Ursachen: genetische, kulturelle, psychische. Die häufigsten aber lauten: zu vieles Essen, verkehrtes Essen oder beides in Verbindung mit wenig Bewegung. Eine Minorität wird allerdings auch »von nichts« dick. (Wenn ich im Folgenden die Begriffe Übergewicht und Fett verwende, meine ich damit nicht normalen »Babyspeck« oder die vielen Kinder, die in bestimmten Phasen etwas drall werden.)

Es ist ein schwieriges Unterfangen, die Kombination von Ursachen für das Übergewicht bei jedem einzelnen Kind zu erklären und zu beschreiben. Es gibt auch nur wenige oder gar keine Hilfsprogramme, die im Lauf der Zeit ins Leben gerufen worden sind und sich tatsächlich auf lange Sicht als effektiv erwiesen hätten. Ich kann noch immer keinen Nachweis dafür entdecken, dass mehr als ein kleiner Prozentsatz der betroffenen Kinder ihr niedrigeres Gewicht später im Leben für zehn oder fünfzehn Jahre hätte halten können. Diese Tatsache bedeutet vor allem, dass das Problem nicht zuletzt in der Familie durch Information und Unterstützung von Fachleuten gelöst werden muss. Wenn sich dieses Problem denn überhaupt lösen lässt!

Ich kann mich leider nicht damit brüsten, den Stein der Weisen gefunden zu haben, so dass im Folgenden nur einige Maßnahmen beschrieben werden, die sich im Lauf der Zeit für die Familien als nützlich erwiesen haben, mag das Kind am Ende einen stabiles niedrigeres Gewicht erreichen oder nicht. Denn es kann selbstverständlich zum Erfolg führen. Doch es gelingt nicht immer allen.

Nach meiner persönlichen wie professionellen Erfahrung treten Essgewohnheiten, die zu Übergewicht führen, in Familien mit einem Suchtproblem auf. Damit meine ich, nicht der Organismus selbst hat das Bedürfnis nach einer bestimmten Menge an Nahrung, sondern es sind die großen Mengen an Essen, die das Bedürfnis nach noch mehr Essen hervorrufen. Die rein physiologische Beschreibung ist simpel, da der Magensack sich mit der Menge an Nahrung weitet, die ihm zugeführt wird. Aber ich bin der Ansicht, dass hier auch ein psychologischer Zusammenhang besteht.

Lassen Sie uns zur Illustration den guten alten Begriff »sich Kummerspeck anfuttern« betrachten. Der Gedanke steckt dahinter, das Kind esse, um seinen Kummer oder sein Unglück zu lindern. Die Strategie besteht deshalb darin, zusammen mit dem Kind herauszufinden, worunter es leidet, und ihm darüber hinweg zu helfen und damit dürfte die Sache geklärt sein. Gleiches gilt für das Rauchen. Der menschliche Organismus hat nicht das Bedürfnis nach Nikotin. Es ist das Nikotin, das dieses Bedürfnis schafft.

Folglich zeigt es in der Praxis in nur äußerst seltenen Fällen Wirkung, wenn man einen gesunderen und weniger fetten Ersatz für die Gerichte findet, die das Kind üblicherweise isst. Mohrrüben statt Schokolade, Wasser statt Cola, Magermilch statt Vollmilch usw. (aber deshalb bleiben diese Dinge nach wie vor gesünder). Erwachsene wissen es von ihren eigenen Schlankheitskuren. Den meisten gelingt es, relativ schnell einige Kilo abzunehmen, indem sie auf bestimmte Nahrungsmittel verzichten. Die Schwierigkeit besteht darin, die neuen Gewohnheiten beizubehalten und somit das niedrigere Gewicht.

Im Folgenden gehe ich davon aus, dass das Übergewicht des Kindes nicht auf rein erbliche Faktoren oder eine Stoffwechselerkrankung zurückzuführen ist. Ist dies der Fall, dann ist die Aufgabe der Eltern einfach und schwierig gleichermaßen: Sie sollten dem Kind dabei helfen, trotz seines Aussehens ein positives Selbstwertgefühl zu entwickeln (viele Menschen, die wir als schön empfinden, haben in Wirklichkeit ein geringes Selbstwertgefühl). Es ist ein langjähriger Prozess, der u. a. die Anerkennung durch die Eltern voraussetzt, dass der physische Körper ein reales Problem für das Kind darstellt. In bestimmten Phasen einmal mehr, einmal weniger, aber es ist nichts, das man mit Hilfe von Liebe und Lob aus der Welt schaffen könnte – oder mit Kritik an den Dingen, die einem auf die Nerven gehen. Gleichzeitig müssen sich die Eltern aktiv verhalten, sich für alle anderen Facetten, Fähigkeiten, Talente und Einschränkungen im Leben des Kindes interessieren und sie beleuchten, um dem entgegenzuwirken, dass das Kind ein Selbstbild entwickelt, das nur die überzähligen Pfunde beschreibt. In unserer Welt macht es einen Unterschied, ob man ein physisches oder ein soziales »Handicap« hat und ob man sich selbst als gehandikapt empfindet. Das Engagement der Eltern ist Dreh- und Angelpunkt dieser Balance.

Zweifelsohne haben es viele übergewichtige Kinder schwer, weil sie viel von anderen Kindern gehänselt und vielleicht auch von einigen Erwachsenen schief angesehen werden. Die Kinder mit nicht besonders viel Selbstbewusstsein verlieren häufig auch einen Teil ihres Selbstvertrauens, wogegen Kindern mit mehr Selbstbewusstsein[1] unangenehme Situationen anscheinend besser bewältigen.

Genau darin besteht das Dilemma der Übergewichtigen und des Umfelds: Die Ursachen des Übergewichts sind u. a. *existentiell* (d. h. es handelt sich um die Frage, wie es dem Kind kritisch betrachtet mit sich und seiner eigenen Existenz geht) und vollkommen oder zum Teil unsichtbar, wogegen die Symptome *sozial* (sich um das Verhältnis des Kindes zu anderen Menschen außerhalb der Familie drehen) und sehr augenfällig sind.

Oft ist es sehr schmerzlich, mit ansehen zu müssen, wie das eigene Kind gehänselt und gemobbt wird. Eltern klammern sich daher an den erstbesten Strohhalm, der sich ihnen bietet: radikale Schlankheitskuren und Sportprogramme, Schulwechsel usw., um das Kind von den sozialen Symptomen zu befreien. Dadurch werden einige der am Übergewicht beteiligten Faktoren womöglich nie sichtbar, und der Kampf gegen das Übergewicht ist auf ganzer Linie eine Niederlage.

Hat das Übergewicht eines Kindes oder eines Jugendlichen *auch* einen existentiellen Hintergrund, ist es meiner Meinung nach ganz und gar von entscheidender Bedeutung, dass der Kampf gegen das Übergewicht von Anfang an die *persönliche Entscheidung* des Kin-

---

[1] Siehe z. B. »Das kompetente Kind«.

des ist. Denn wir sprechen schließlich nicht davon, lediglich einige Ernährungs- und Essgewohnheiten, sondern auch davon, sein Verhältnis zu sich selbst und zum Leben zu ändern. Es mag vielleicht etwas hochtrabend klingen, wenn das Kind erst vier Jahr alt ist. Aber ich bin der Meinung, es ist vom Alter unabhängig.

Die folgenden Punkte sind eine Auflistung dessen, was mir als Familientherapeut auffällt, wenn ich einer Familie in dieser Situation begegne. Im Folgenden die Ratschläge, die ich im Allgemeinen der Familie gebe:

- Wo liegt das Problem? Sie haben ein Kind, dem Sie nach Kräften ein gutes Leben zu ermöglichen versuchten und das jetzt dennoch einige Probleme mit sich herumschleppt, die erst jetzt ans Tageslicht kommen. Beginnen Sie mit einer gründlichen Durchsicht des Lebens des Kindes innerhalb der Familie bis zum gegenwärtigen Zeitpunkt. Gehen Sie nicht hauptsächlich auf die Suche nach »Problemen«, sondern versuchen Sie vielmehr ein Bild von der Persönlichkeit und den Methoden des Kindes nachzuzeichnen, wie es dem Leben begegnet. Die Liste über mögliche Fragen ist nahezu unendlich, aber z.B.:
- Wie reagierte es auf Schmerz und Frustration, als es noch ganz klein war? Lautstark und energisch? Still und nach innen gekehrt? Ruhig oder chaotisch? Kämpfte es brav, bis die Eltern darauf kamen, was es wollte, oder gab es sich dem Anschein nach mit ihrer Lösung zufrieden?
- Worin bestanden die typischen Lösungen der Eltern? Legte die Mutter es an die Brust oder bot sie ihm das Fläschchen an? Wie ging es den Eltern selbst dabei? Wurden sie nervös, ängstlich oder besorgt, wenn sie nicht gleich herausfanden, wie sie es beruhigen konnten?
- Welche Rolle spielt das Essen in der Familie? Steht es an zweiter Stelle oder ist es der Inbegriff von Behaglichkeit und Gemeinschaft? Wie sehen die Essgewohnheiten der Erwachsenen aus, wenn sie deprimiert, nervös sind oder sich einsam fühlen? Vergeht ihnen der Appetit oder essen sie mehr und häufiger?
- Wie sehr beschäftigen sich die Eltern mit der Ernährung des Kin-

des? Gehen sie damit locker und unverkrampft um oder haben sie die Ernährung in den Mittelpunkt gestellt?

- Wie hat das Leben des Kindes ausgesehen, wenn man versucht, es von der Warte des Kindes zu betrachten? Hat es problematische Phasen mit Krankheiten, Krankenhausaufenthalt oder Trennung gegeben und wie reagierte es darauf? Wie gingen die Eltern mit seinen Reaktionen um?

- Wie ist sein Verhältnis zu anderen Kindern? Hat es sich in das soziale Leben gestürzt oder ist es vorsichtig und zurückhaltend gewesen? Was hat es über sein Verhältnis zu anderen Kindern im Lauf der Zeit gesagt?

- Wie sieht die Esskultur der Familie aus? Isst man nur zu den Mahlzeiten oder steht ständig eine kleine Leckerei in Reichweite? Haben die Eltern dazu geneigt, es mit »Lob zu überschütten«, wenn es gegessen oder aufgegessen hat? Oder waren sie streng aus Angst, es könnte zu dick werden?

- Spricht es offen über seine Probleme und Konflikte oder muss man ihm jedes Wort einzeln aus der Nase ziehen? Wie verhalten sich die Eltern ihm gegenüber, wenn es ein Problem hat? Nehmen sie es auf die leichte Schulter? Trösten sie das Kind? Liefern sie Erklärungen und geben sie Ratschläge? Neigen sie mit ihren eigenen Sorgen und ihrem eigenen Schutzbedürfnis dazu, dem Kind die Schau zu stehlen?

- Wie ist es mit der Kultur um persönliche Probleme und wechselseitige Konflikte in der Familie bestellt? Erkennt man sie als einen natürlichen Bestandteil des Familienlebens an oder wertet man sie als Anzeichen, dass in der Familie »etwas nicht stimmt«? Kann man über die Dinge reden oder setzt man die Hoffnung darauf, dass mit der »Zeit«, gutem Schlaf oder einer Tüte Gummibärchen alles wieder gut wird?

- Zu welchem der beiden Elternteile fühlt sich das Kind am meisten hingezogen? Wem ist es vom Gemüt her am ähnlichsten?

In allen Familien sieht die Wirklichkeit so aus, dass die Kinder mit einer Vielzahl von Phänomenen »zusammenarbeiten« (sie kopieren und von ihnen beeinflusst werden), über die die Eltern nicht die geringste Kontrolle haben und deren sie sich oft einfach nicht bewusst sind, bis eins der Familienmitglieder anfängt, sich unwohl zu fühlen. Die Sinnesorgane von Kindern sind außerordentlich sensibel und ihre Verbindung zu den innersten Gefühlen der Eltern ist häufig weitaus besser als bei den Eltern selbst. Das macht weder schlechte noch unfähige Eltern aus ihnen, sondern menschliche Eltern.

- Was ist das Ziel? Wollen wir gemeinsam mit dem Kind alle Hoffnung daran setzen, dass es die überflüssigen Pfunde so schnell wie möglich verliert – koste es, was es wolle? Oder besteht das Ziel darin, ein mehr oder weniger stabiles Normalgewicht zu erreichen?
- Die Gefahr, wenn man auf die schnelle Gewichtsabnahme setzt (mit allem, was dazugehören kann wie einem strengen Diätplan, Kontrolle und Konflikten), besteht darin, dass es gerade nicht die Person des Kindes ist, auf die sich alle Interessen konzentrieren, sondern auf sein Übergewicht. Es kann sich im schlimmsten Fall zu einem »liebevollen Mobbing« entwickeln, wobei das Kind ständig das Gefühl hat, mit ihm stimme etwas nicht.
- Sind wir der Meinung, wir können verantworten, seine eigene persönliche Verantwortung einzubeziehen? Sind wir bereit, es einzuladen – z. B.: »Hör mal, Jakob. Wir wissen, dass es schwer für dich ist, dass du immer gehänselt wirst, weil du dick bist. Wir möchten dir gern helfen, dünner zu werden, wenn auch du es willst? Denk doch einmal darüber nach, damit wir darüber reden können, wie wir dir am besten helfen können.« Es kann zur Folge haben, dass geraume Zeit vergeht, ehe es sich entscheidet und unterdessen seine Meinung ändert.
- Wenn Sie sich auf einen gemeinsamen Handlungsplan einigen, ist es wichtig, dass man mit den Begriffen »spielen« kann, solange die Dinge ihren Lauf nehmen. Wenn das Kind eines Tages der Versuchung nicht widerstehen kann und alles in seiner Reichweite in sich hineinstopft, kann man z. B. einen liebe-

vollen und humorvollen Kommentar anbringen: »Aha, ist das der Jakob, der gern dick sein will, mit dem wir heute hier am Tisch sitzen?« und ihn danach alles in sich hineinstopfen lassen. Man lernt erst die Tragweite seiner persönlichen Verantwortung kennen, wenn man die Möglichkeit hat, vernünftige und unvernünftige Entscheidungen zu treffen – und seine eigenen Schlüsse daraus zieht.

- Unterstützen Sie das Kind so weit wie möglich in seinem Verhältnis zu den Kameraden, Mädchen, Sport und Kleidung und achten Sie die ganze Zeit darauf, dass Ihr Schmerz Sie nicht dazu verleitet, das Projekt zu übernehmen. Das Kind muss die Sache die ganze Zeit auf seine Weise und in seinem Tempo bewältigen. Auch wenn die Vernunft und der Überblick eines Erwachsenen erkennen, dass es sich hin und wieder selbst ein Bein stellt.
- Die beste Unterstützung besteht darin, die Sinne offen zu halten für seine *ganze* Person. Je mehr das Umfeld auf sein Übergewicht reagiert, desto wichtiger ist es, dass Sie es nicht auch tun, besonders wenn es wie so oft einige Jahre dauert, bis das Ziel in Sichtweite gekommen ist.

Wir können auf die Verherrlichung der mageren Supermodells unserer Zeit schimpfen, uns über die anscheinende Bosheit anderer Kinder oder über die Neigung der Lehrer ärgern, der Sache kein Gehör zu schenken. Doch mit all dem konfrontiert, sind wir Eltern ganz oder teilweise hilflos. Unsere Stärke besteht in der Liebe zu unseren Kindern und in der Art und Weise, die uns das Leben lehren kann, sie in die Praxis umzusetzen. Kinder und Jugendliche, die in anderen Bereichen einen schweren Stand haben, brauchen diese Stärke.

Wenn Eltern nicht einer Meinung sind

Die Überschrift dieses Abschnittes müsste eigentlich lauten: »Eltern sind nicht einer Meinung«. Denn selbst wenn wir uns über

Theorien und Prinzipien in der Erziehung der Kinder und im guten Klima in der Familie einig sein sollten, so sind wir doch als Menschen unterschiedlich. Somit gibt es bei unserer Umsetzung in die Praxis mehr oder weniger große Unterschiede. Es *kann* ein Problem sein, wenn beide Seiten *vollkommen* unterschiedlich sind – und das *immer*, aber meistens führt es nur zu einigen Konflikten.

Im Verhältnis zum Essen und zu den Mahlzeiten in der Familie entwickeln sich diese Unterschiede nur zu einem Problem, wenn die Eltern nicht einer Meinung sind, dass es in Ordnung ist, unterschiedlich zu sein, wenn sie denn überhaupt die Stimmung bei den Mahlzeiten trüben. Kinder nehmen keinen Schaden, wenn ihre Eltern unterschiedlich handeln und denken. Ganz im Gegenteil ist es ein großer Vorteil, zwei unterschiedliche Elternteile zu haben. Es wird nur zu einem Problem für die Kinder, wenn sie die ganze Zeit erleben, dass sie die Ursache für die Streitereien am Tisch sind und sozusagen »in stereo« mit zwei sehr unterschiedlichen Signalen erzogen werden. Folgende Faustregeln können nützlich sein:

- Taucht ein Konflikt auf, der nach Wissen der Eltern erfahrungsgemäß zu einem länger andauernden Streit führen kann, bis sich alles wieder eingerenkt hat, ist es das Klügste, man verschiebt die Aussprache auf einen späteren Zeitpunkt.
- Wenn sich die Eltern sicher sind, der Konflikt lässt sich mit allgemeinen Verhandlungen und Diskussionen lösen, spricht nichts dagegen, die Zeit am Tisch auch für die Lösung des Problems zu nutzen. Kinder sind »Romantiker« und mögen Konflikte zwischen den Eltern nicht, aber es gehört zum Leben dazu.
- Bei der Diskussion muss es um die unterschiedlichen Standpunkte oder Umsetzungen in die Praxis durch die Eltern gehen und nicht darum, was an dem Kind richtig oder falsch ist.
- Wenn es sich als unmöglich erweist, innerhalb eines überschaubaren Zeitraums zu einer Lösung oder einem Kompromiss zu finden, tut man oft gut daran, die »Macht« dem Elternteil zu übergeben, der am wenigsten unbeholfen und restriktiv ist, bis beide Seiten eine dauerhaftere Lösung gefunden haben.

- Beziehen Sie gern die Ansichten der Kinder ein. Die Diskussionen der Erwachsenen fallen oft intelligenter aus, wenn ein Kind mitreden darf.

Handelt es sich um einen Konflikt zwischen einem Elternteil und dem Kind, dann tut man gut daran, dass der andere Erwachsene sich entweder aus der Sache heraushält oder versucht, den beiden anderen bei der Suche nach einer Lösung zu helfen. *Nie* ist es konstruktiv, sich mit einer der beiden Seiten zu verbünden.

Eltern quälen oft sich und einander mit dem Anspruch, auf alles eine Antwort und für alle Konflikte eine Lösung finden zu müssen. Das kann erstens niemand leisten und zweitens ist es langfristig viel besser für die Entwicklung des Kindes und das Zusammenspiel der Familie, wenn die Eltern zu ihrer Unsicherheit und Meinungsverschiedenheit stehen und sagen können: »Deine Mutter und ich wissen im Augenblick nicht, was wir dagegen machen sollen, dass du wieder das nicht isst, was du dir selbst auf den Teller getan hast. Wir brauchen etwas mehr Zeit, um darüber zu reden, und so lange lassen wir dich in Ruhe.«

Es gibt nicht viele Situationen, in denen wir Eltern mit so viel Selbstsicherheit und Selbstzufriedenheit auftreten, wie wenn wir genau zu wissen vorgeben, was für das *eigene* Kind das Beste ist. Tritt dieser Fall ein, dann ist die selbstständige Existenz des Kindes beendet und statt dessen wird es zu einer Waffe, die die Eltern gegeneinander einsetzen. Alle Beteiligten verlieren, der Appetit vergeht und das gute Essen büßt den Geschmack ein.

Das Beste an den Mahlzeiten in der Familie besteht darin, dass wir uns selbst und die anderen sehen und wahrnehmen, so wie wir sind und wie es uns an dem Tag geht. Jeder für sich und alle zusammen. Ich meine, dass dieser Inhalt – zusammen mit dem guten Essen – wichtiger ist als die Form. Ein Mal, zwei Mal in der Woche oder jeden Tag, eben so wie man Zeit und Lust hat.